LAROUSSE

Gramática

Inglés

Fácil

Diseño de portada: David Jiménez Minero

LAROUSSE

Gramática
Inglés

Fácil

Françoise Larroche
Agrégée de l'Université
Professeur de l'École Vôtelière
de Paris «Jean Drouant»

Préface de
Pierre Vedel
Cuisinier
Compagnon du Tour de France

LAROUSSE

Aribau 197-199 3ª planta   Dinamarca 81   Valentín Gómez 3530   21 Rue du Montparnasse
08021 Barcelona   México 06600, D. F.   1191 Buenos Aires   75298 París Cedex 06

CONTENIDO

INSTRUCCIONES DE USO

- Gracias a su índice, la *Gramática inglés. fácil* permite el estudio o la verificación de un punto específico del inglés, ya sea partiendo del inglés o del español, con ejercicios de control y sus respectivas respuestas.

- La gramática también permite el estudio sistemático activo, gracias a la utilización de los ejemplos:

— Memorización precisa de los ejemplos en inglés.

— Traducción de vuelta al inglés de las traducciones de los ejemplos que proporciona la obra.

También es el complemento o apoyo natural de cualquier otro método de aprendizaje del inglés.

PRESENTACIÓN

Conocer un idioma no es solamente arreglárselas para comprender y ser comprendido en situaciones comunes y previsibles, aunque esto ya es bastante. También es necesario poder describir, analizar enunciados nuevos y complejos, para poder comprender su funcionamiento y su sentido. Para ser capaz de observar y comprender el idioma, a fin de seguir aprendiéndolo, es necesario disponer de una gramática, de un cuadro de los elementos, estructuras y mecanismos característicos de la lengua, los cuales constituyen las referencias y los modelos que permiten expresarse en un lenguaje más correcto y más preciso.

Lo que se propone aquí es esta exploración de los aspectos esenciales del inglés. Esta gramática no es "completa"; tampoco es "elemental", pero es una gramática "para todos" que permitirá a cada quién, sin conocimientos específicos particulares, recorrer económicamente el inmenso territorio del idioma inglés.

PRONUNCIACIÓN

Vocales

A.P.I.	E.L.	EJEM.
[i:]	[i:]	seat
[i]	[i]	sit
[e]	[e]	bed
[æ]	[a]	flat
[ʌ]	[œ]	but
[a:]	[a:]	calm
[ɒ]	[o]	not
[ɔ:]	[o:]	more
[ʊ]	[u]	book
[u:]	[u:]	cool
[e:]	[e:]	work
[ə]	[ə]	a (art.)

Diptongos

A.P.I.	E.L.	EJEM.
[ei]	[ei]	may
[ai]	[ai]	my
[ɔi]	[oi]	boy
[əʊ]	[ou]	go
[əʊ]	[au]	how
[iə]	[iə]	here
[eə]	[eə]	care
[ʊə]	[uə]	tour

Semivocales

A.P.I.	E.L.	EJEM.
[w]	[w]	wait
[j]	[y]	yes

Consonantes

A.P.I.	E.L.	EJEM.
[p]	[p]	pot
[b]	[b]	boy
[t]	[t]	tea
[d]	[d]	down
[k]	[k]	cake
[g]	[g]	girl
[f]	[f]	fat
[v]	[v]	very
[θ]	[θ]	thin
[ð]	[đ]	that
[s]	[s]	see
[z]	[z]	zeal
[ʃ]	[sʰ]	shall
[ʒ]	[ʒ]	measure
[tʃ]	[tsʰ]	check
[dʒ]	[dʒ]	job
[h]	[h]	hot
[m]	[m]	mother
[n]	[n]	now
[ŋ]	[ŋ]	bring
[l]	[l]	love
[r]	[r]	war

I. EL GRUPO VERBAL

1. Definiciones y generalidades

1.1. Hay cuatro categorías de verbos:

• verbos como **be, seem, look,** etc., que unen al sujeto con un adjetivo (predicativo) o un nombre, o un complemento de lugar (cf. 2.2.10). A menudo se les llama "verbos copulativos" por su función de vínculo.

> **She is young.**
> *Ella es joven.*
> **She is an actress.**
> *Es actriz.*
> **She is at home.**
> *Ella está en su casa.*

• verbos auxiliares como **be, have, will, would** que sirven para construir las formas compuestas de los otros verbos y siempre están en relación con algún otro.

> **He is working.**
> *Está trabajando.*
> **He will take a rest.**
> *El va a descansar.*

Los auxiliares como **will, would** pueden expresar alguna modalidad (ver a continuación):

> **He wouldn't do it.**
> *El no quiso hacerlo.*

• auxiliares modales, así llamados porque expresan una modalidad (posibilidad, probabilidad, certeza, obligación, etc.), no se usan en todas las formas; por eso con frecuencia se les conoce como "verbos defectivos".

> **He may come.**
> *Puede ser que venga.*
> **They must do it.**
> *Tienen que hacerlo.*

• verbos con sentido pleno, es decir, todos los que expresan una acción, un estado, un comportamiento, un acontecimiento, o, como se dice más comúnmente, un "proceso".

> **We live here.**
> *Aquí vivimos.*

I work ten hours a day.
Trabajo diez horas al día.
I think he did not tell the truth.
Creo que no dijo la verdad.

Las características de un verbo son las siguientes: <u>tiempo</u>, <u>persona</u>, <u>modo</u> (indicativo, imperativo, subjuntivo, etc.), <u>voz</u> (activa o pasiva) y <u>aspecto</u> (acabado, no acabado, puntual o continuo).

1.2. Cuando se menciona el infinitivo de un verbo en inglés, en general va precedido de la partícula to. **To be**, *ser*; **to have**, *tener* o *haber*; **to go**, *ir*, etc.

En las gramáticas y los diccionarios, las formas verbales que se indican son el infinitivo, el pretérito (tiempos pasados) y el participio pasado.

To be *ser*	**I was** *fui* *era*	**been** *sido*
to go *ir*	**I went** *fui* *iba*	**gone** *ido(a)(s)*

1.3. El pretérito (tiempos del pasado) y el participio pasado de los llamados verbos *regulares* se forma con **-ed** o **-d**. Ej.: **to select**, **selected**, **selected**, *escoger*, *seleccionar*.

A los verbos terminados en **-e** sólo se les agrega **-d**. Ej.: **to save**, **saved**, **saved**, *guardar*.

1.4. Se llaman verbos *irregulares* aquellos cuyo pretérito y participio se forman mediante una transformación interna y no añadiendo **-ed**. Ej.: **to see, I saw, seen**, *ver, vi, visto*.

En general, los verbos *irregulares* se utilizan con frecuencia, por eso es necesario conocer las formas del pretérito y del participio pasado: ver la lista de verbos irregulares en las pp. 42-46.

1.5. La forma del presente de indicativo de los verbos en inglés, regulares e irregulares, es igual en todas las personas, excepto la 3a. persona del singular, que lleva una **s**.

to take	*tomar*
I take	*yo tomo*
you take	*tú tomas*
he, she, it takes	*él, ella, eso toma*
we take	*nosotros tomamos*
you take	*ustedes toman*
they take	*ellos toman*

Nota: En inglés, la tercera persona singular del pronombre personal sujeto tiene tres formas: masculina (**he**), femenina (**she**) y neutra (**it**).

1.6. Como se vio en 1.5, la misma forma (en este caso **you take**) corresponde a *tú, usted,* y *ustedes* en español. De hecho, en inglés, no hay diferencia entre hablar de *tú* o de *usted*. **You take** corresponderá tanto a una persona a quien se habla de tú o de usted, o a varias personas.

1.7. Con excepción de los auxiliares **to be**, *ser*, **to have**, *tener* o *haber* (cf. 14.1), la forma negativa de los verbos ingleses se forma colocando **do not** (**does not** en la tercera persona singular) entre el sujeto y el verbo.

I do not take,	*no tomo*
he does not take,	*no toma*

Nota:

con frecuencia, **do not** se contrae en **don't**
con frecuencia, **does not** se contrae en **doesn't**

1.8. Salvo en el caso de los auxiliares y los modales, la forma interrogativa se construye colocando **do, does**, antes del sujeto.

Do you take...?	*¿Tomas...?*
Does she take...?	*¿Toma...?*

1.9. En presente, la forma interrogativa negativa se construye con **don't** (contracción de **do not**), o **doesn't** en la 3a. persona del singular (contracción de **does not**) antes del sujeto.

Don't they work?	*¿No trabajan?*

Doesn't she work?   *¿No trabaja?*

1.10. Para el pretérito, en la forma negativa, interrogativa e interrogativa-negativa, **do** es remplazado por **did** en todas las personas.

> **Did he go...?**
> *¿Fue...?*
> **She did not select...**
> *No escogió...*

Con frecuencia, **did not** se contrae en **didn't.**

> **Didn't he phone?**   *¿No llamó?*

Nota: Observe la colocación del sujeto en la forma interrogativa-negativa sin contracción:

> **Did he not phone?**   *¿No llamó?*

Note que si el sujeto es un sustantivo, se coloca después de **not**:

> **Did not a man phone?**
> *¿No llamó un hombre?*
> (o **Didn't a man phone?**)

1.11. La forma de un verbo precedido por **do, does, did, do not, don't, didn't**, etc., es siempre el infinitivo sin **to.**

1.12. En las contracciones (**isn't, hasn't, don't, didn't**, etc.), la **o** de **not** es remplazada por un apóstrofo; la negación va pegada al verbo.

1.13. El futuro se forma con **will** entre el sujeto y el verbo en infinitivo sin **to**:

> **you will go,** *irás*

1.14. En la 1a. persona, singular o plural, se usa también **shall**:

> **I shall go,** *iré*
> **We shall go,** *iremos*

1.15. En la lengua hablada, **will** y **shall** con frecuencia se abrevian como **'ll**:

> **I'll go,** *iré*
> **You'll go,** *irás*

1.16. Forma interrogativa:

shall I go?	*¿iré?*
will you go?	*¿irás?*
will he/she/it go?	*¿irá?*
shall we go?	*¿iremos?*
will you go?	*¿irán?*
will they go?	*¿irán?*

1.17. La contracción del futuro negativo, **will not**, es **won't**; la de **shall not, shan't**.

I shall not go,
I shan't go, } *no iré*
They will not go,
They won't go, } *no irán*

1.18. Futuro interrogativo negativo:

Won't you go? *¿No irás?*

1.19. El condicional o pospretérito se forma con **would**:

I would go, *iría*
They would go, *irían*

1.20. El antepresente (**present perfect**) se forma con el presente del auxiliar **to have** + participio pasado:

We have selected, *hemos seleccionado*
I have gone, *he ido*

1.21. El antecopretérito se forma con el pasado de **have** + participio pasado:

I had gone, *había ido*
We had selected, *habíamos seleccionado*

1.22. La voz pasiva se forma con **be** en el tiempo deseado (como en español con el auxiliar *ser*) + participio pasado:

He was taken, *fue tomado*

1.23. Hay en inglés una forma dicha en **-ing** que se obtiene con el infinitivo pero sin **to** : **to go** → **going**.

Esta forma en **-ing** puede ser:

• participio presente

   Yes, she answered, smiling at me.
   Sí, me respondió ella sonriendo.

• adjetivo verbal

   This is a surprising story.
   Es una historia sorprendente.

• sustantivo verbal

   Driving was difficult.
   La conducción era difícil.
   (Era difícil manejar).

Con **be**, la forma en **-ing** da lugar a la forma progresiva o continua (se utiliza en todos los tiempos), véase 2.2.9

1.24. *Las contracciones*
1.24.1. To be

I am	*soy*, etc.	**I'm**
you are		**you're**
he is		**he's**
she is		**she's**
it is		**it's**
we are		**we're**
you are		**you're**
they are		**they're**
I am not		**I'm not**
you are not		**you're not** o
		you aren't [a:rnt]
he is not		**he's not** o
		he isn't [iz(ə)nt]
she is not		**she's not** o
		she isn't
it is not		**it's not** o
		it isn't
we are not		**we're not** o
		we aren't [a:rnt]
you are not		**you're not** o
		you aren't
they are not		**they're not** o
		they aren't [a:rnt]

Nota: La contracción **ain't** [eint] se emplea en la lengua coloquial en lugar de **am not, are not** e **is not.**

1.24.2. To have

I have	*tengo*, etc.	I've
you have		you've
he has		he's
she has		she's
it has		it's
we have		we've
you have		you've
they have		they've
I have not		I haven't
you have not		you haven't
he has not		he hasn't
she has not		she hasn't
it has not		it hasn't
we have not		we haven't
you have not		you haven't
they have not		they haven't

Nota: **it's** puede ser la contracción de **it is** o de **it has**; **he's**, de **he is** o **he has**; **she's**, de **she is** o de **she has**. Es el mismo caso de **it's not, he's not, she's not.**

I had	*tenía*, etc.	I'd
you had		you'd
he had		he'd
she had		she'd
it had		it'd [itəd]
we had		we'd
you had		you'd
they had		they'd

1.24.3. To do

I do not	I don't [dount]
'you do not	you don't
he, she, it does not	he, she, it doesn't
we do not	we don't
you do not	you don't
they do not	they don't
I did not	I didn't
you did not	you didn't
he, she, it did not	he, she, it didn't
we did not	we didn't
you did not	you didn't
they did not	they didn't

1.24.4. Shall y will

I shall	
I will	I'll
you will	you'll
he, she, it will	he, she, it'll
we shall	
we will	we'll
you will	you'll
they will	they'll
I shall not	I shan't [sha:nt]
I will not	I won't [wount]
you will not	you won't [wount]
he, she, it will not	he, she, it won't
we shall not	we shan't
we will not	we won't
you will not	you won't
they will not	they won't

I would	I'd
you would	you'd
he, she, it would	he, she, it'd
we would	we'd
you would	you'd
they would	they'd

Observe que estas contracciones corresponden también a las de **I had**, **you had**, etc.

I would not	I wouldn't
you would not	you wouldn't
they would not	they wouldn't

2. TO BE *(ser)* (to be - was/were - been)

2.1. *Conjugaciones*

INFINITIVO		PARTICIPIO	
Presente to be ser		**Presente** being *siendo*	
Pasado to have been *haber sido*		**Pasado** been *sido*	

INDICATIVO **Presente** *yo soy*

I am	Neg.:	I am not
he (she, it) is	Interr.:	am I?
we (you, they) are		

Pretérito *yo fui*

I (he, she, it) was	Neg.:	I was not
we (you, they) were	Interr.:	was I?

Antepresente *yo he sido*

I (you, we, they) have been	Neg.:	I have not been
he (she, it) has been	Interr.:	have I been?

Antepretérito yo había sido			
I (he, she, it)	} **had been**	Neg.:	**I had not been**
we (you, they)		Interr.:	**had I been?**

Futuro yo seré
I (we) shall*be   Neg.:   **I shall* not be**
you (they, he, she, it) will be   Interr.   **shall* I be?**

Antefuturo yo habré sido
I (we) shall* have been   Neg.:   **I shall* not**
You (they, he, she, it)   **have been**
will have been   Interr.: **shall* I have**
                                                 been?

Pospretérito yo sería
I (we) should** be   Neg.:   **I should** not be**
you (they, he, she it)   Interr.: **should** I be?**
would be

Antepospretérito habría sido
I (we) should** have been   Neg.:   **I should** not**
you (they, he, she, it)   **have been**
would have ben   Interr.: **should** I**
                                                 have been?

IMPERATIVO *sé*   SUBJUNTIVO
be   **don't be**   **I (we, you,**
let me (us, him,   **don't let me**   **they, he, she,**
her, it, them) be   **(...) be**   **it) be**

---

* o **will**
** o **would**

2.2. *Los usos de* to be

2.2.1. To be + adjetivo se construye como en español, y corresponde a veces a *ser* y otras a *estar*:

I am happy   *Estoy contento*
She is ready   *Está lista*
Are you glad?   *¿Está ud. (estás tú) (están uds.) con-*
                        tento (a) (os)?

He was surprised		*Fue sorprendido*
Observe también:	**to be early;**	*llegar temprano*
	to be late;	*llegar tarde*

• La forma negativa se construye agregando **not** entre el verbo y el adjetivo.

| **I am not happy.** | *No estoy contento* |
| **He is not happy.** | *No está contento* |

(contracción: **he isn't happy**).

Atención:

En inglés se emplea **to be** + adjetivo en algunas expresiones que en español se construyen con *tener* + sustantivo:

I am hungry.	*Tengo hambre*	(= estoy hambriento)
I am thirsty.	*Tengo sed*	(= estoy sediento)
I am afraid.	*Tengo miedo*	(= estoy asustado)
You are lucky.	*Tiene suerte*	(= usted es afortunado).

Atención:

En inglés se utiliza **to be** con sujeto neutro en expresiones como:

It is dark.	*Está oscuro.*
It is cold.	*Hace frío.*
It is hot.	*Hace calor.*

Atención también a lo siguiente :

I am twenty.

Tengo veinte años (literalmente, "soy veinte")

How.old are you?

¿Qué edad tiene usted? (literalmente, "¿qué tan viejo es?")

2.2.2. To be + adverbio o complemento de lugar

She is in the kitchen.

Está en la cocina.

Is Mr Smith at home?

¿Está en casa el Sr. Smith?

He was here ten minutes ago.

Hace diez minutos estaba aquí.

2.2.3. To be + sustantivo

| **Pussy is a cat.** | *Pussy es un gato.* |
| **He is a lawyer.** | *El es abogado.* |

They are teachers. *Son profesores.*
She is a nurse.   *Es enfermera.*

Tenga en cuenta la concordancia entre el pronombre sujeto y el adjetivo, así como la concordancia del verbo.
Esta construcción se utiliza para expresar sobre todo la
función, la profesión.

2.2.4. It is, it was, etc. + sustantivo singular o plural
Esta construcción se utiliza para subrayar el sujeto del que
se habla (como en español al decir *es él quien, son ellas quienes*, etc.). Observe que, a diferencia del español, el verbo
siempre va en singular.

It is the Americans who first landed on the moon.
Son los estadunidenses quienes llegaron primero a la luna.

• ¡Atención! Compare:
He is the lawyer who arrived late.
Ese es el abogado que llegó tarde
(ese abogado y no otro).
It is the lawyer who arrived late.
El abogado fue el que llegó tarde
(no el juez, no el escribano, etc.).

• Observe también la pregunta **Who is it?** *¿Quién es?*, cuando llaman a la puerta, por ejemplo (no se sabe si es un
hombre o una mujer).

• También: **It's John speaking**. *Habla John*, para presentarse
en el teléfono.

2.2.5. There is, there are, etc.
Esta construcción invertida (el sujeto va después del ver-
bo con el que concuerda) permite expresar una existencia
o presencia:
There is a dog in the garden.
Hay un perro en el jardín.
There are people who do not like tea.
Hay personas a quienes no les gusta el té.

• Esta construcción se encuentra también en infinitivo:
It is too late for there to be a bus.
Es demasiado tarde para encontrar un autobús.
(Ver la oración infinitiva 48).

2.2.6. To be, auxiliar del pasivo
To be + participio pasado

> **The car was driven by a young man**.
> *El vehículo era conducido por un joven.*

2.2.7. To be to para expresar un "futuro de convención", es decir, que algo sucederá porque así fue convenido:

> **We are to meet at 10**.
> *Tenemos que vernos a las diez* (porque así lo acordamos).

Nota:

> **He must work if he is to succeed**.
> *Tiene que trabajar si desea tener éxito.*

El hecho de traducir por *desea* indica que ese futuro depende de la voluntad del sujeto, de un convenio que ha hecho consigo mismo.

• Atención al uso de **to be to** en pasado (futuro histórico).

> **He was to become a famous writer**.
> *Se convertiría en un escritor famoso* (efectivamente llegó a serlo).

En este caso la construcción es **was/were to be** + infinitivo completo.

Nota: incluso si con frecuencia se traduce como *deber*, **to be to** no implica una obligación absoluta (que se expresa con **to have to**).

• Pero podemos encontrar la construcción siguiente: **was/were** + infinitivo pasado (= **have** + participio pasado).

> **She was to have opened the festival, but she had an accident on her way to Edinburgh**.
> *Debió haber inaugurado el festival, pero tuvo un accidente cuando se dirigía a Edimburgo. El evento estaba previsto (la inauguración), pero no pudo realizarse.*

2.2.8. To be going to/to be about to

Estas dos expresiones permiten expresar un futuro próximo (véase 9.2.6).

> **He is going to fall**.
> *Se va a caer.*
> **He was about to jump**.
> *Se estaba preparando para saltar.*

2.2.9. To be + -ing

Es una forma verbal característica del inglés que se emplea con frecuencia; a pesar de su aparente sencillez tiene múltiples significados. Permite captar el verbo en situación (a veces se habla de actualización), lo cual corresponde con frecuencia a una acción en curso (por eso se llega a hablar de forma progresiva).

Comparemos estos enunciados:

a) Water boils at 100°.
El agua hierve a los 100 grados.
b) Careful! The water is boiling.
¡Cuidado, el agua está hirviendo!

El enunciado **a)** expresa una propiedad general del agua, una verdad "intemporal".

El enunciado **b)** describe una situación específica. No hablo del agua en general, sino de la que puse al fuego, en el momento de hablar.

Igualmente:

c) Peter is driving home.
Peter regresa a casa en auto.

Este enunciado describe la situación actual de Peter (en el momento del enunciado va rumbo a casa).

Pero

d) Peter drives home every day.
Peter regresa todos los días en auto.

Expreso una "propiedad" de Peter (conduce su auto, no toma el tren o el metro).

Sin embargo, sería falso pensar que la forma **be + -ing** expresa siempre una acción en curso. Tiene otros significados que se estudiarán en detalle con los tiempos: presente (véase 9.1), pretérito (véase 9.3), **present perfect** (véase 9.4), que son los más importantes.

No todos los verbos pueden ser utilizados en la "forma progresiva". Se excluyen sobre todo:

• Verbos de percepción involuntaria, por ej.: **hear**, **see**, **smell**, **notice**, **observe**, etc.

• Verbos que expresan sentimientos, por ej.: **adore**, **detest**, **like**, **love**, **want**, etc. (**to feel** + adjetivo puede usarse en la forma progresiva).

• Verbos que expresan una actividad mental, por ej.: **believe**, **know**, **remember**, **think**, **understand**, etc.

• Verbos que expresan posesión, por ej. : **belong**, **own**, **possess**, etc.

• Los verbos **appear** (en el sentido de *parecer*), **concern**, **consist**, **hold** (en el sentido de *contener*), **keep** (en el sentido de *continuar*), **matter**, **seem**, **signify**.

Atención: ciertos verbos se utilizan en la forma progresiva en un sentido, mientras que en otro no.

Ej.:   **They are seeing the country**.
       Están recorriendo el país.
       What are you thinking about?
       ¿En qué estas pensando?

2.2.10. Otros *verbos copulativos* y *verbos que postulan la existencia*.

Si bien **be** es el verbo copulativo fundamental que permite afirmar la existencia, hay algunos otros:

a) Verbos copulativos:

• **to become** (*llegar a ser*)
  become + sustantivo
In 1845 Texas became part of the USA.
En 1845, Texas se convirtió en territorio estadounidense.

  become + adjetivo
The fog became thicker and thicker.
La niebla se hacía cada vez más espesa.

• **to turn** (*convertirse*) + adjetivo
In a few weeks his hair turned completely white.
El pelo se le puso completamente blanco en unas cuantas semanas.

• **to get** + adjetivo
He gets drunk.
Se embriaga.
The weather is getting colder.
Está enfriando el tiempo.

• **to seem** (*parecer*)
  to seem + adjetivo
It seems important.
Parece importante.

to seem + infinitivo + complemento

He seems to be at home.

Parece que está en casa.

Notar el empleo impersonal: **it seems that**

It seems that he is at home.

Parece que él está en casa.

• **to look** (*parecer* a la vista), **to sound** (*parecer* al oído), **to taste** (*parecer* al gusto), **to smell** (*parecer* al olfato): estos verbos se construyen con un adjetivo.

It smells nice.

Huele bien.

It sounds good to me.

Me suena bien.

b) *Verbos que postulan la existencia*:

• Además de **there is/there are**, etc., encontramos: **there seems/seem**, etc., **to be**; **there exists/exist**, etc., *existe*; **there remains/remain**, etc., *queda*.

Observemos la concordancia con el sujeto colocado después del verbo:

There seems to be another solution.

Parece que hay otra solución.

(Encontramos también el giro **It seems that there is another solution**).

There exist only two solutions.

No hay más que dos soluciones.

There remain three problems to tackle.

Quedan tres problemas por resolver.

¡Atención! No existe un giro impersonal para **exist** ni para **remain**.

• Los verbos **stand** y **lie** pueden sustituir a **be** para indicar la situación; el adverbio **there** puede ser reemplazado con un complemento de lugar preciso:

At the back of the hotel lies a wonderful park.

Detrás del hotel se extiende un parque maravilloso.

Among the woods stood an old chapel.

En el bosque se alzaba una antigua capilla.

Stand se utiliza para cualquier cosa cuya dimensión principal es la verticalidad.

Lie se utiliza para cualquier cosa cuya dimensión esencial es la horizontalidad.

3. TO HAVE (*tener, haber*) (had - had)

3.1. *Conjugación de* to have

INFINITIVO		PARTICIPIO		
Presente to have	*haber*	*Presente*	having	*habiendo*
Pasado to have had	*haber tenido*	*Pasado*	had	*habido*

INDICATIVO *Presente yo tengo*

I (we, you, they) have		Neg. :	I have not
he (she, it) has		Interr. :	have I?

Pretérito yo tenía

I (we, you, they) } had		Neg. :	I had not
he (she, it) }		Interr. :	had I?

Antepresente yo he tenido

I (we, you, they) have had		Neg. :	I had not had
he (she, it) has had		Interr. :	had I had?

Antepretérito yo había tenido

I (we, you, they) } had had		Neg. :	I had not had
he (she, it) has had }		Interr. :	had I had?

Futuro yo tendré

I (we) shall* have		Neg. :	I shall* not have
you (they, } will have			
he, she, it) }		Interr. :	shall* I have?

Antefuturo yo habré tenido

I (we) shall* have had		Neg. :	I shall* not
you (they, } will have had			have had
he, she, it) }		Interr. :	shall* I have had?

---

* o will

Pospretérito *yo tendría*		
I (we) should* have	Neg. :	I should* not have
You (they, he, she, it) would have	Interr. :	should* I have?
Antepospretérito *habría tenido*		
I (we) should* have had	Neg. :	I should* not have had
You (they, he, she, it) would have had	Interr. :	should* I have had?

IMPERATIVO		SUBJUNTIVO
have	don't have!	I (we, you, they
let me (us,	don't let me	he, her, it)
him, her, it,	(us, him, her,	have
them) have	it, them) have	

* o would

3.2. *Usos de* to have

3.2.1. El verbo **to have** puede tener el sentido de *poseer*:

to have a car, *tener* (poseer) *un auto* o *tomar* (un alimento, etc.)

to have breakfast, to have coffee *tomar el desayuno, tomar (su) café*
to have tea, *tomar (su) té*
to have lunch, *tomar la comida*

En esos casos se conjuga con **do** en la forma negativa o interrogativo negativa, como los otros verbos.

Do you have a car? *¿Tiene auto?*
Did you have breakfast? *¿Tomaste tu desayuno?*

3.2.2. Observe también la expresión **to have to** + verbo en infinitivo: *deber (tener que)* = obligación imperativa, necesidad absoluta.

I have to go. *Tengo que irme; es necesario que me vaya.*

También en estos casos se utiliza **do** en las formas interrogativas y negativas:

Does she have to go? *¿Tiene que irse?*

3.2.3. Pero **to have** es también un auxiliar, así llamado porque ayuda a construir ciertos tiempos de otros verbos.

• Antepresente (**present perfect**): **have** + participio pasado:
I have seen, *He visto.*
He has gone, *Se ha ido.*

• El antecopretérito (**pluperfect**) **had** (pasado de **to have**) + participio pasado:
I had selected, *Había escogido.*

La forma negativa de **have** auxiliar se forma con **not**:
He has not seen her. *No la ha visto.*
John hadn't come. *John no había venido.*

La forma interrogativa se forma con la inversión auxiliar-sujeto:
Has he come? *¿Ha venido?*
Had they seen her? *¿La habían visto?*

3.2.4. Have got

Got, participio pasado de **to get** (*obtener*) con frecuencia va unido con **to have** (en el sentido de *tener*, *poseer*) sin por ello modificar el sentido. Se trata de un giro en cierta forma coloquial, pero de uso frecuente (excepto en infinitivo) en inglés británico:
They've got a beautiful house (= **they have a beautiful house**).
Tienen una casa bonita.
I haven't got any (= **I haven't any** o **I don't have any**).
No tengo.
Have you got a key? (= **Do you have a key?**).
¿Tiene usted una llave?

Lo mismo sucede con **to have to**, *tener que*:
I've got to do it (= **I have to do it**). *Tengo que hacerlo.*

3.2.5. To have + complemento + participio pasado = *hacer que se haga algo* (*hacer* + verbo en infinitivo + complemento)
He had the lamp repaired by his sister.
Hizo que su hermana reparara la lámpara.

I'll have my car washed.

Voy a mandar lavar mi coche.

Nótese el valor pasivo del participio pasado que indica el resultado de la acción: la lámpara *fue reparada*, el coche *será lavado*.

No es obligatorio usar el agente del pasivo (introducido por **by**).

Esta construcción indica que el sujeto de **have** no es el que realiza la acción.

I'll have my hair cut.

Voy a que me corten el pelo.

3.2.6. To have + sustantivo o pronombre complemento + infinitivo sin **to** = *hacer que alguien haga algo.*

I'll have my brother do it.

Haré que mi hermano lo haga.

I'll have him do it.

Haré que él lo haga.

He'll have John mow the lawn.

Hará que Juan pode el césped.

(en el sentido de: va a lograr que Juan pode el césped; va a pedirle que lo haga).

Nótese el sentido activo del verbo en infinitivo. Esta forma insiste en el hecho de que se impone una acción a alguien, que se obliga a que haga algo, o que se le pide que lo haga.

Nótese también la expresión:

I had something funny happen to me.

Me ocurrió algo gracioso.

(**something** sólo puede ser el *sujeto* del verbo *activo* **happen**)

3.2.7. To have + complemento + forma en **-ing**

We'll soon have you walking again.

En poco tiempo te tendremos caminando.

(te permitiremos que camines de nuevo, lograremos que lo hagas)

En este caso, la forma indica una consecuencia permanente, un resultado duradero.

Atención, esta construcción puede tener otro sentido:

I don't want to have people standing here all day.

No quiero tener gente parada aquí todo el día.

En este caso, no interviene el sujeto **I** para lograr el resultado; el sentido es "no quiero *ver* gente parada aquí todo el día".

3.2.8. Had better ('d better)

You'd better stay.

Harías mejor en quedarte.

Nótese la construcción con el infinitivo sin **to**.

No debe confundirse con **'d rather** (véase 14.11).

El **had** de **'d better** no es una indicación temporal. Se trata de un "pretérito modal", de naturaleza similar a "harían mejor" en español.

4. TO DO

4.1. *El verbo* to do

Formas: **to do, I did, done**; **does** en la 3a. persona del singular del presente de indicativo.

Significa *hacer*, pero se distingue de **to make** = *hacer, fabricar*, en el sentido de que indica a menudo una acción más general o abstracta, o bien una serie de acciones:

to do good	*hacer el bien*
to do business	*hacer negocios*
to do a room	*hacer una habitación*

pero

to make a deal	*concluir un acuerdo*
to make a bed	*hacer una cama*
to make a mistake	*cometer un error*

> De manera general, **to do** enfoca más la actividad en sí, y **to make** el resultado.

4.2. El *auxiliar* do

Sirve para transformar los verbos (excepto **to be, to have** y los modales o defectivos) en la forma interrogativa. Es el que lleva la marca de persona y tiempo. Así, en el presente:

Do you like tea? *¿Le gusta el té?*
Does she drink coffee? *¿Ella bebe café?*

En pretérito:

Did they drink tea? *¿Bebían té?*

El orden de las palabras, en presente, es:

Do/does + sujeto + verbo (en infinitivo sin **to**) + complemento.

En pretérito:

Did + sujeto + verbo (en infinitivo sin **to**) + complemento.

El auxiliar **do** (seguido de **not**) también es necesario en la forma negativa:

I do not drink tea. *No bebo té.*
He does not like coffee. *No le gusta el café.*
They did not like tea. *No les gustaba el té.*

Contracciones:

do not	→	**don't**
does not	→	**doesn't**
did not	→	**didn't**

Interrogativa-negativa:

Do you not see? *¿No ves?*
Did he not see? *¿Él no vio?*

generalmente se usa la contracción:

Don't you see? **Didn't he see?**

El verbo **to do** se conjuga con el auxiliar **do**:

They did not do it. *Ellos no lo hicieron.*

4.3. To do *como forma de insistencia* (*o enfático*) se utiliza para insistir en un hecho o una idea:

I do like tea.
En verdad me gusta el té.
He did do it.
Sí lo hizo.

4.4. *Para reforzar una respuesta*

En inglés, por lo general, uno no se limita a contestar simplemente *sí* o *no*, sino que se retoma el auxiliar en la forma (negativa o afirmativa) y la persona conveniente:

– **Do you like tea?** –**Yes, I do**.
  ¿Te gusta el té? –Sí.
– **Do they drink wine?** –**No they don't**.
  ¿Beben vino? –No.
– **Don't you like it?** –**Yes, we do**.
  ¿No les gusta? –Sí.
– **Did they come?**   –**Yes, they did**.
                      –**No they didn't**.

  ¿Vinieron? –Sí.
              –No.
– **Didn't they come?** –**Yes, they did**.
  ¿No vinieron? –Sí.

Cuando el verbo se construye con un auxiliar que no es **do**, por supuesto que el que se retoma es el propio auxiliar:

– **Can he do it?** –**Yes, he can**.
  ¿Puede hacerlo? –Sí.
– **Will they come?** –**No, they won't**.
  ¿Van a venir? –No.

5. TO LET

5.1. To let es un verbo irregular: **to let, I let, let**, que significa *alquilar* (por el propietario al inquilino).

  House to let, *se alquila casa.*
  The flat was let to an old couple.
  El departamento estaba rentado a una pareja de edad.

Nota: Se distingue de **to rent**, *tomar en renta, rentar.*

5.2. Es un verbo irregular, seguido por el infinitivo sin **to**, en el sentido de *dejar hacer algo.*

  We cannot let them do it.
  No podemos dejar que lo hagan.

En este caso no se puede emplear en voz pasiva:

  They let him go.
  Lo dejaron ir.

se dice en voz pasiva:

  He was allowed to go.
  Le permitieron que se fuera.

To let go empleado solo o con complemento corresponde a menudo al sentido de *soltar*.

> **They let go the rope**.
> *Soltaron la cuerda.*
> **Let go of me!**
> *¡Suéltenme!*

5.3. To let es el auxiliar que permite formar el imperativo de la primera y tercera persona:

> **Let us go!** *¡Vamos!*
> **Let them try!** *¡Que se atrevan!*

Forma negativa:

> **Let's (= let us) not do it!** *¡No lo hagamos!*
o, de manera más familiar:
> **Don't let us do it!**

5.4. To let se emplea a menudo en expresiones de estilo rebuscado, como:

> **Let me be clearly understood**.
> *Entiéndaseme bien.*
> **Let the reader be informed that**...
> *Que el lector quede informado de que...*

5.5. El sentido de **to let** puede modificarse mediante una preposición o posposición:

> **to let down**, *abandonar, bajar*
> **to let in**, *dejar entrar, hacer que entre*
> **to let off**, *soltar, dejar escapar*

5.6. Cuidado con las variaciones de sentido posibles cuando **to let** se ve retomado por un auxiliar:

> **Let's go, shall we?**
> *Vamos, ¿de acuerdo?*
> **Let us go, will you?**
> *Déjanos marchar, ¿sí?*

El primer caso corresponde a un deseo de animar a otros, y es el imperativo de la 1a. persona del plural (contracción) de **go** (**let us go**).

El segundo es una forma de pedir autorización: imperativo 2a. persona de **let** (*dejar*) + complemento + infinitivo sin **to**.

6. TO GET

6.1. To get, got, got, *seguido por un sustantivo complemento*, significa *obtener*:

> **To get good results.**
> *Obtener buenos resultados.*
> **He didn't get enough money.**
> *No ganaba bastante dinero.*
> **I'll get it for you.**
> *Voy a buscártelo.*

To get también puede significar *comprender* (=*captar*)

> **I don't get** it. *No entiendo.*

6.1.2. To get + *adjetivo*: *volverse*

> **to get old**, *volverse viejo, envejecer*
> **to get tired**, *comenzar a cansarse, cansarse*
> **to get angry**, *enojarse*
> **to get cold**, *empezar a hacer frío, refrescar.*

El adjetivo puede ser un participio pasado o un adjetivo verbal en **-ing**:

> **Let's get going.** *Vayamos.*

6.1.3. To get + *preposición* o *posposición* adquiere el sentido que da la pre o posposición:

> **to get off the bus**, *bajarse del autobús*
> **to get in**, *entrar*
> **to get out**, *salir*
> **to get up**, *levantarse*
> **to get away**, *alejarse*
> **to get home**, *volver a casa.*

6.1.4. To have got + *sustantivo* (véase 3.2.4) indica el hecho de *tener*, la posesión. Se trata de una fórmula idiomática en la cual la presencia de **got** no añade nada al sentido de **to have**:

> **I've got an idea!** *¡Tengo una idea!*
> **She hasn't got any money.** *Ella no tiene dinero.*
> **We've got to do it.** *Tenemos que hacerlo.*

Nota: en lengua familiar, se oye con frecuencia **I got** en lugar de **I've got**.

I got a new car.
Tengo un coche nuevo.

6.2. *Los usos de* get *como auxiliar*

6.2.1. Get + complemento + participio pasado
Get it done as fast as possible.
Que lo hagan lo más pronto posible.

Esta estructura es similar a **have** + complemento + participio pasado, aunque es un poco más familiar.

6.2.2. Get + complemento + infinitivo completo (verbo activo)
I must get him to write this report.
Tengo que hacer que escriba este informe.

Esta estructura es muy similar a **have** + complemento + infinitivo sin **to** en lo que se refiere al sentido (más familiar). La gran diferencia está en la construcción de **get** con el infinitivo completo.

6.2.3. Get como auxiliar de la voz pasiva.
He got killed in a car crash.
Se mató en un accidente automovilístico (literalmente: *fue muerto* o *resultó muerto...*).

7. Verbos regulares

7.1. En su forma escrita, el pretérito y el participio pasado de los verbos regulares se forma añadiendo **-ed** a la forma del infinitivo sin **to**.

to select → **selected**, **selected**, *elegir*

Las formas orales se forman añadiendo [d], [t] o [əd] según la terminación del verbo.

look → **lo_ok_ed** [kt]
love → **lo_ve_d** [vd]

demand → **dem<u>and</u>ed** [dəd]

arrest → **arr<u>est</u>ed** [təd]

A los verbos que terminan con **-e** en el infinitivo sólo se les añade la final **-d**.

to save → **saved, saved**, *salvar*

Las terminaciones verbales en **-y** se transforman en **-ied**:

to cry → **cried, cried**, *llorar*

Sin embargo, los verbos terminados en **-oy**, **-ay** forman su pretérito y participio pasado con **-oyed**, **-ayed**:

to stay → **stayed**, *quedarse*

to play → **played**, *jugar*

to destroy → **destroyed**, *destruir*

Atención: **to pay** → **paid**; **to lay** → **laid**.

En el pretérito y participio pasado se duplica la consonante final del infinitivo del verbo, cuando éste termina en sílaba acentuada:

to occur → **ocurred**, *ocurrir*

to defer → **deferred**, *dejar para después, diferir*

pero **to differ** → **differed**, *ser diferente*

De igual forma, **occurring, deferring**, pero **differing**.

Esta duplicación no se da cuando el verbo termina con más de una consonante:

to insist → **insisted**, *insistir.*

• En inglés británico, la duplicación de la **-l** final ocurre cualquiera que sea la posición del acento tónico en los verbos que terminan con **-el**, **-al:**

to compel → **compelled**, *obligar, forzar*

to cancel → **cancelled**, *anular*

to travel → **travelled**, *viajar.*

• En inglés norteamericano, se respeta la regla enunciada más arriba; esto es, sólo hay duplicación cuando es una sílaba acentuada:

to compel → **compelled**

pero **to travel** → **traveled**

Misma diferencia entre el británico y el norteamericano en un verbo como **total**, *sumar, totalizar.*

GB: **to total** → **totalled.**

EU: **to total** → **totaled.**

7.2. *Conjugación de los verbos regulares*
Conjugación de **to book**, *reservar*

INFINITIVO			PARTICIPIO		
Presente	**to book**	*reservar*	*Presente*	**booking**	*reservando*
Pasado	**to have**	*haber*	*Pasado*	**booked**	*reservado*
	booked	*reservado*		[bukt]	

INDICATIVO *Presente* *reservo*

I (we, you, they) book   Neg. : **I do (he does) not book**

he (she, it) books   Interr. : **do I (does he) book?**

Pretérito *reservaba*

I (we, you, they) ⎫ **booked**   Neg. : **I did not book**
he (she, it)   ⎭   Interr. : **did I book?**

Antepresente *he reservado*

I (we, you, they) have booked   Neg. : **I have (he has) not booked**

he (she, it) has booked   Interr. : **Have I (has he) booked?**

Antepretérito *había reservado*

I (we, you, ⎫
he, she, it, ⎬ **had booked**   Neg. : **I had not book**
they) ⎭   Interr. : **had I book?**

Futuro *reservaré*

I (we) shall* book   Neg. : **I shall* (he will) not book**
you (they) ⎫ **will book**
he (she, it) ⎭   Interr. : **shall* I (will he) book?**

Antefuturo *habré reservado*

I (we) shall* have booked   Neg. : **I shall* (he will) not have booked**
you
(they, ⎫ **will have**
he, ⎬ **booked**   Interr. : **shall* I (will he) have booked?**
she, it) ⎭

---

* o will

CONDICIONAL
Pospretérito *reservaría*

I (we) should* book

you (they, ⎫
he, she, it ⎬ **would book**

Neg. : **I should* (he would)**
not book

Interr. : **should* I (would he)**
book?

Antepospretérito *habría reservado*

I (we) should*
have booked

you (they, ⎫ **would have**
he, she, it) ⎬ **booked**

Neg. : **I should* (he would)**
not have booked

Interr. : **should* I (would he)**
have booked?

IMPERATIVO		SUBJUNTIVO
book!	**don't book!**	**I (we, you, they,**
let me (us, him,	**don't let me**	**he, she, it)**
her, it, them)	**(us, him, her,**	**have booked**
book!	**it, them) book!**	

* o would

8. Verbos irregulares

8.1. *Recordatorio*: se dice que un verbo es irregular cuando para formar su pretérito y participio pasado no se añade **-ed** o **-d**.

> **to take, I took, taken,** *tomar*

• Su participio pasado puede ser idéntico o diferente de su pretérito:

> **to cut, I cut, cut,** *cortar*
> **to drink, I drank, drunk,** *beber*

• En ciertos verbos, sólo el participio pasado es irregular:

> **to show, I showed, shown,** *mostrar*

• En ocasiones, se utiliza tanto la forma regular como la irregular:

to dream, I dreamed, dreamed, *soñar*

o

to dream, I dreamt, dreamt

8.2. *Conjugación de los verbos irregulares*
Conjugación de **to eat** [i:t] *comer*

INFINITIVO			PARTICIPIO		
Presente	**to eat**	*comer*	*Presente*	**eating**	*comiendo*
Pasado	**to have**	*haber*	*Pasado*	**eaten**	*comido*
	eaten }	*comido*			

INDICATIVO

Presente como

I (we, you, they) eat		Neg: :	**I do (he does) not eat**
he (she, it) eats		Interr. :	**do I (does he) eat?**

Pretérito comía

I (we, you, they) } **ate**		Neg. :	**I did not eat**
he (she, it)		Interr. :	**did I eat?**

Antepresente he comido

I (we, you, they) have eaten		Neg. :	**I have (he has) not eaten**
he (she, it) has eaten		Interr. :	**have I (has he) eaten?**

Antepretérito había comido

I (we, you, they) } **had eaten**		Neg. :	**I had not eaten**
he (she, it)		Interr. :	**had I eaten?**

Futuro comeré

I (we) shall* eat **you (they, he, she, it) eat?**		Neg. :	**I shall* (he will) not eat**
		Interr. :	**shall* I (will he) eat**

*** o will**

Antefuturo habré comido

I (we) shall* have eaten	Neg.:	I shall* (he will)
you (they, he, she, it)		not have eaten
will have eaten	Interr.:	shall* I (will he)
		have eaten?

CONDICIONAL

Pospretérito comería

I (we) should** eat	Neg.:	I should** (he
you (they, he, she, it)		would) not eat
would eat	Interr.:	should** I (would
		he) eat?

Antepospretérito habría comido

I (we) should**	Neg.:	I should**
have eaten		(he would) not
you (they, he, she, it)		have eaten
would have eaten	Interr.:	should** I (would
		he) have eaten?

IMPERATIVO | | SUBJUNTIVO

eat!	don't eat	I (we, you, they,
let me (us, him,	don't let me (us,	he, she, it) eat
her, it, them) eat!	him, her, it, them)	
	eat!	

* o will
** o would

8.3. *Lista de verbos irregulares*

INFINITIVO	PRETÉRITO	PART. PASADO
to be *ser*	was	been
to bear [bɛə] *llevar, soportar*	bore	borne
to beat *golpear*	beat	beaten
to become *volverse*	became	become
to begin *comenzar*	began	begun

to **bend** *doblar*	**bent**	**bent**
to **bet** *apostar*	**bet**	**bet**
to **bid** *decir, desear*	**bid**	**bid**
to **bid** *pedir, invitar*	**bade** [beid]	**bidden**
to **bind** [baind] *ligar*	**bound**	**bound** [baund]
to **bite** [bait] *morder*	**bit**	**bitten**
to **bleed** *sangrar*	**bled**	**bled**
to **blow** [blou] *soplar*	**blew**	**blown**
to **break** *romper*	**broke**	**broken**
to **bring** *traer*	**brought**	**brought** [brot]
to **build** [bild] *construir*	**built**	**built**
to **burn** *quemar*	**burnt**	**burnt**
to **burst** *estallar*	**burst**	**burst**
to **buy** [bai] *comprar*	**bought**	**bought** [bot]
to **cast** *lanzar*	**cast**	**cast**
to **catch** *atrapar*	**caught**	**caught** [kot]
to **choose** [ts^{h}u:z] *elegir*	**chose**	**chosen** [ts^{h}ouzn]
to **cling** *asirse*	**clung**	**clung**
to **come** *venir*	**came**	**come**
to **cost** *costar*	**cost**	**cost**
to **cut** *cortar*	**cut**	**cut**
to **dare** [deər] *osar, desafiar*	**durst**	**dared**
to **deal** [di:l] *distribuir*	**dealt**	**dealt** [delt]
to **dig** *escarbar, cavar*	**dug**	**dug**
to **do** *hacer*	**did**	**done**
to **draw** *jalar, dibujar*	**drew**	**drawn**
to **dream** *soñar*	**dreamt**	**dreamt**
to **drink** *beber*	**drank**	**drunk**
to **drive** [draiv] *conducir*	**drove**	**driven**
to **eat** *comer*	**ate** [eit]	**eaten**
to **fall** *caer*	**fell**	**fallen**
to **feed** *alimentar* (*se*)	**fed**	**fed**
to **feel** *sentir*	**felt**	**felt**
to **fight** [fait] *luchar*	**fought**	**fought** [fɔ:t]
to **find** [faind] *encontrar*	**found**	**found** [faund]
to **fly** *volar*	**flew**	**flown**

to forbid *prohibir*	**forbade**	**forbidden**
to forget *olvidar*	**forgot**	**forgotten**
to forgive *perdonar*	**forgave**	**forgiven**
to freeze *helar*	**froze**	**frozen**
to get *obtener*	**got**	**got**
to give *dar*	**gave**	**given**
to go *ir*	**went**	**gone**
to grind [graind] *moler, afilar*	**ground**	**ground**
to grow [grou] *crecer, hacer crecer*	**grew**	**grown**
to hang *colgar*	**hung**	**hung**
to have *tener, haber*	**had**	**had**
to hear [hiər] *oír*	**heard**	**heard**
to hide [haid] *esconder (se)*	**hid**	**hidden**
to hit *golpear*	**hit**	**hit**
to hold [hould] *sostener*	**held**	**held**
to hurt *herir*	**hurt**	**hurt**
to keep *conservar*	**kept**	**kept**
to kneel [ni:l] *arrodillarse*	**knelt**	**knelt**
to know [nou] *saber, conocer*	**knew**	**known** [noun]
to lead *guiar*	**led**	**led**
to lean *agacharse*	**leant**	**leant** [lent]
to leap *saltar*	**leapt**	**leapt**
to learn *aprender*	**learnt**	**learnt**
to leave *dejar, abandonar*	**left**	**left**
to lend *prestar*	**lent**	**lent**
to let *dejar, alquilar*	**let**	**let**
to lie [lai] *estar recostado*	**lay**	**lain**
to light [lait] *encender, iluminar*	**lit**	**lit**
to lose [lu:z] *perder*	**lost**	**lost**
to make [meik] *hacer*	**made**	**made**
to mean [mi:n] *significar, tener la intención de*	**meant**	**meant**

to meet *encontrarse con*	met	met
to overcome *superar*	overcame	overcome
to put *poner (se)*	put	put
to quit *abandonar, dejar de*	quit	quit
to read [ri:d] *leer*	read [red]	read [red]
to rend *desgarrar*	rent	rent
to rid *librar, desembarazar*	rid	rid
to ride [raid] *montar a caballo, en bicicleta*	rode	ridden
to ring *sonar, hacer sonar*	rang	rung
to rise [raiz] *alzarse*	rose	risen [rizn]
to run *correr*	ran	run
to say *decir*	said	said *
to see *ver*	saw	seen
to seek *buscar*	sought	sought [sot]
to sell *vender*	sold	sold [sould]
to send *enviar*	sent	sent
to set *colocar, fijar*	set	set
to shake [s^{h}eik] *sacudir (se)*	shook	shaken
to shine [s^{h}ain] *brillar*	shone	shone
to shoot *disparar*	shot	shot
to show *mostrar*	showed	shown
to shrink *encoger*	shrank	shrunk
to shut *cerrar*	shut	shut
to sing *cantar*	sang	sung
to sit *estar sentado, sentarse*	sat	sat
to sleep *dormir*	slept	slept
to smell *oler*	smelt	smelt
to speak *hablar*	spoke	spoken
to spell *deletrear*	spelt	spelt
to spend *gastar, pasar tiempo*	spent	spent
to spread [spred] *extender (se)*	spread	spread
to spring *brincar*	sprang	sprung
to stand *pararse, estar de pie*	stood	stood
to steal *robar*	stole	stolen

---

* **to say**, **said**, **said** sólo es irregular en su pronunciación [səd].

to stick *adherir*	**stuck**	**stuck**
to sting *picar*	**stung**	**stung**
to stink *apestar*	**stank**	**stunk**
to strike [straik] *golpear*	**struck**	**struck**
to swear [sweər] *jurar*	**swore**	**sworn**
to sweep *barrer*	**swept**	**swept**
to swell *hincharse*	**swelled**	**swollen, swelled**
to swim *nadar*	**swam**	**swum**
to take *tomar*	**took**	**taken**
to teach [tiːts^h] *enseñar*	**taught**	**taught** [tot]
to tear *rasgar*	**tore**	**torn**
to tell *decir*	**told**	**told** [tould]
to think *pensar*	**thought**	**thought** [θot]
to throw [θrou] *lanzar*	**threw**	**thrown**
to understand *comprender*	**understood**	**understood**
to wear [weər] *llevar (ropa)*	**wore**	**worn**
to weep *llorar*	**wept**	**wept**
to win *ganar, vencer*	**won**	**won**
to wind *girar, dar cuerda*	**wound**	**wound**
to withdraw *retirar (se)*	**withdrew**	**withdrawn**
to write [rait] *escribir*	**wrote**	**written**

9. Los tiempos

Observación sobre la palabra *tiempo*: se refiere a la vez a una forma del verbo (**tense** en inglés) y al tiempo que pasa (**time** en inglés), que se simboliza

así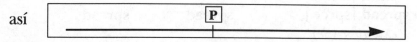

donde P es el presente (el momento presente).

Tense no corresponde necesariamente a **time**.

Estudiaremos aquí los **"tenses"** y su relación con **"time"**.

9.1. *El presente*

Son distintos el presente simple y el llamado presente "continuo".

9.1.1. *El presente*
Formación

Adopta la forma del infinitivo sin **to** en todas las personas, excepto en la 3a. del singular, a la cual se añade una **s**.

I take,	*tomo*
you take,	*tomas*
He, she, it takes,	*toma*
we take,	*tomamos*
you take,	*toman*
they take,	*toman*

Forma negativa

I do not take
You do not take
he, she, it does not take
we do not take
you do not take
they do not take

Interrogativa	Interrogativa-negativa
do I take?	**don't I take?**
do you take?	**don't you take?**
does he, she, it take?	**doesn't he, she, it take?**
do we take?	**don't we take?**
do you take?	**don't you take?**
do they take?	**don't they take?**

La 3a. persona del singular en presente

El añadir la **s** a la 3a. persona puede provocar modificaciones en la ortografía en estos casos:

– en los verbos que terminan con consonante + **o** → **oes**
   to go   →   **he goes**
– en los verbos que terminan con consonante + **y** → **ies**
   to try   →   **she tries**

9.1.2. *Usos*

El llamado presente simple del inglés se usa para verdades generales:

The sun shines, *el sol brilla*
I don't like bananas, *no me gustan los plátanos*
I think you are right, *creo que tiene usted razón.*

9.1.3. *El presente continuo* (véase 2.2.9., "la forma en **-ing**")
Cuando el presente corresponde a una acción donde el sujeto se encuentra en situación (por ejemplo, cuando se expresa una acción que se está llevando a cabo), se usa el presente continuo o presente en **-ing**.

Formación: **to be** en la persona adecuada + verbo + **-ing**.

presente simple: **I drink**, bebo
presente en **-ing**: **I am drinking**

9.1.4. *Empleo*: nótese la diferencia entre el presente simple:
Water boils at 100 °C. *El agua hierve a 100 °C.*
(verdad general, propiedad del agua)

y el presente en **-ing**:

Look! The water is boiling!
Mira, el agua está hirviendo (situación).

Los principales efectos de sentido del presente continuo son los siguientes:

• una acción que está realizándose:
John is working in the garden.
John está trabajando en el jardín.

Pero diremos:

John works as a gardener at the Palace.
John trabaja como jardinero en el palacio (es su profesión).

• una intención:
I'm leaving tomorrow.
Me voy mañana (ya he tomado la decisión).
What are you drinking?
¿Qué toma? (Esta pregunta se dirige a alguien que no está bebiendo, pero que en un restaurant o bar evidentemente va a pedir alguna bebida.)

• una costumbre que distingue al sujeto:

I'm buying my shoes in England.
Me compro los zapatos en Inglaterra.

• un comportamiento provisional:

He is being silly.
Se *está haciendo el tonto.*

Mientras que **He is silly** significa *es tonto* (así nació y no va a cambiar).

Nótese que el presente en **-ing** es muy frecuente en inglés, ya que se emplea para describir una actividad que se está realizando, o una acción no terminada.

9.1.5. *El presente narrativo*

Este empleo del presente para relatar hechos pasados otorgándoles viveza y "actualidad" desde el punto de vista del lector es relativamente frecuente en español, pero raro en inglés (aunque no imposible, como hay quien lo cree).

En 1960, la empresa crea su primer modelo...

se traducirá normalmente como:

In 1960, the firm created its first model...

Pero es posible leer:

In 1960, they create their first model.

9.2. *El futuro*

9.2.1. En inglés, el futuro también puede expresarse con el *presente* (sobre todo con los verbos defectivos: **I think I can come tomorrow**, *creo que puedo ir mañana*); con el *presente continuo* (un acto ya decidido: **we are meeting the boss on Tuesday**, *vamos a ver al patrón el martes*); por **to be going to**, *estar a punto de.*

9.2.2. Los tiempos del llamado futuro se forman con el auxiliar **will** + infinitivo en todas las personas, salvo la 1a. del singular y del plural, donde se suele utilizar **shall**:

I shall go,	*iré*
you will go,	*irás*
he, she, it will go,	*irá*
we shall go,	*iremos*
you will go,	*irán*
they will go,	*irán*

La contracción de **shall** y **will** es **'ll**:

I shall → **I'll**   **You will** → **you'll**

La forma negativa se crea añadiendo **not** después de **shall** y **will**:

I shall not go,   *no iré*
You will not go,   *no irás*

La contracción de **shall not** es **shan't**, que se pronuncia [s^hant].

La contracción de **will not** es **won't** [wount].

Forma interrogativa:

Shall I go? *¿Iré?*
Will you go? *¿Irás? ¿Irá? ¿Irán?*

Forma interrogativa negativa:

Shall I not go? o **Shan't I go?** *¿No iré?*
Will you not go? o **Won't you go?** *¿No irás?*

9.2.3. Shall y will

Tradicionalmente, se emplea **shall** para la 1a. persona del singular y del plural y **will** para las demás. Sin embargo, **will** es muy frecuente en la forma negativa y **won't** en la negativa para la primera persona en inglés moderno.

De manera general, **will** se emplea para una predicción, una especulación sobre el futuro (**I think**..., **I suppose**...), una promesa, un anuncio oficial, o una decisión no premeditada.

El sustituir **shall** por **will** en la 1a. persona indica la firme voluntad de hacer algo en el futuro (el sustantivo **will** significa *voluntad*).

I will do it.

Lo haré (= quiero hacerlo, me comprometo a hacerlo).

En lengua hablada, este **will** lleva un acento de insistencia.

9.2.4. La sustitución de **will** por **shall** en las demás personas indica una orden, una obligación que alguien se impone:

You shall do it, whether you like it or not.
Usted lo hará, le guste o no.

Es la forma que se utiliza para los mandamientos bíblicos (**you shall not kill**, *no matarás*), para los contratos y las instrucciones técnicas.

The supplier shall deliver the goods...
El proveedor entregará la mercancía...

9.2.5. *Nota.* En inglés moderno, **will** sustituye a **shall** en la
1a. persona sin que ello implique ninguna intención específica. Esta simplificación se ve favorecida por el hecho de
que **shall** y **will** tienen la misma contracción **'ll**.
En la forma interrogativa, se sigue empleando **shall** en la
1a. persona:

What shall we do next?
¿Qué haremos después?

salvo en el caso de un futuro lejano:

Where will we be in twenty years' time?
¿Dónde estaremos dentro de veinte años?

Nótese el empleo particular de **shall** en fórmulas como:

Let's go, shall we? *Vamos, ¿les parece?*
Let's try, shall we? *¿Y si lo intentáramos?*

donde el verbo está sobrentendido en la forma interrogativa que lo retoma.

9.2.6. *El futuro cercano*
Para indicar la intención de realizar algo dentro de poco,
se usa **to be going to** + verbo:

I am going to do it. *Voy a hacerlo.*

Para un futuro aún más inmediato se utilizará **to be about**
+ verbo

I am about to do it. *Estoy a punto de hacerlo.*

9.2.7. La forma del presente en **-ing** puede tener un sentido de futuro:

I am leaving for Spain next week.
Me voy a España la semana que entra.

Nótese que el presente en español puede también tener
ese mismo sentido de futuro.

9.2.8. Las conjunciones de subordinación con sentido temporal nunca preceden un futuro:

We'll leave as soon as she is ready/when she is ready.
Nos iremos en cuanto esté lista/cuando esté lista.

Atención: esto se aplica por supuesto a **when** como conjunción, pero si **when** es un adverbio interrogativo, con sentido de *en qué fecha, en qué momento*, bien puede ir seguido de futuro:

When will you leave?

¿Cuándo (= en qué fecha) *partirás?*

Sucede lo mismo con el estilo indirecto.

I wonder when he will leave.

Me pregunto cuándo (= en qué fecha) *partirá.*

De la misma manera, cuando **when** es pronombre relativo con el sentido de *el momento en que, fecha en la que*, es normal el empleo del futuro:

He will arrive on the tenth, when he will open the session.

Llegará el día diez, fecha en que abrirá la sesión.

9.2.9. *El antefuturo*

I shall have done it. *Lo habré hecho.*

You will have done it. *Ustedes lo habrán hecho.*

Shall o **will** + **have** + participio pasado.

Tras las conjunciones de subordinación con sentido temporal (véase 10.6), se emplea el **present perfect** en lugar del antefuturo:

I'll write to you when (as soon as) I have received the parcel.

Te escribiré en cuanto haya recibido el paquete.

9.3. *El pretérito*

Formación: véase 1.3 y 1.4.

9.3.1. Empleos del pretérito.

Es el tiempo del pasado por excelencia y se emplea cada vez que se ha producido un acontecimiento terminado en un momento definido del pasado (esto es, cada vez que es posible contestar la pregunta: *¿Cuándo?*), ya sea reciente o lejano.

I met him yesterday. *Me encontré con él ayer.*

Se emplea entonces cada vez que se menciona un hecho pasado en fecha determinada:

They married in 1986. *Se casaron en 1986.*

He married her in 1986. *Se casó con ella en 1986.*
I was born in 1968. *Nací en 1968.*

Puede corresponder al antepresente, al pretérito o al copretérito del español.

9.3.2. El empleo del pretérito (en relación con el tiempo cronológico) puede representarse con el siguiente esquema:

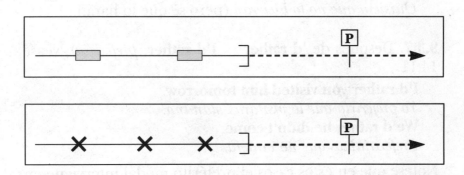

donde la línea vertical simboliza el momento presente y los puntos o rectángulos los instantes o períodos del pasado, *más o menos cercanos al presente, más o menos largos*. Pero, de cualquier forma, siempre *terminados y situados en un momento definido del pasado.*

9.3.3. *El pretérito* + *-ing*
Insiste sobre la duración del acontecimiento y corresponde a menudo a la forma estar (en copretérito) + participio presente en español.

I was listening to the radio when she phoned.
Estaba yo escuchando el radio cuando me llamó por teléfono.

9.3.4. *El pretérito modal*
Es un empleo del pretérito que no refiere al tiempo cronológico. Existe sobre todo en los casos siguientes.

9.3.5. Para expresar algo irreal del presente (es decir, algo que no existe, o que no se conforma con lo que se desea en el momento presente).

If I were you, *si yo fuera usted*

En este caso, lo "correcto" sería emplear **were** para todas las personas. En lengua común, a menudo se usa **was**.

9.3.6. Después de **to wish** (*desear, querer*)

I wish I knew.

Quisiera saberlo (se sobrentiende: pero no lo sé).

I wish he worked more.

Quisiera que trabajara más (pero sé que no es así).

Nótese una expresión como:

I wish they didn't do it.

Quisiera que no lo hicieran (pero sé que lo harán...)

9.3.7. Después de **'d rather** (= **I'd rather**, *preferiría*), véase 14.11.

I'd rather you visited him tomorrow.

Yo preferiría que lo visitaras mañana.

We'd rather he didn't come.

Preferiríamos que no viniera.

Nótese que en estos casos el pretérito modal interviene en dos ocasiones: en **I'd rather** y en el verbo que le sigue. Expresa un deseo de cambio en relación con la situación actual y, como tal, puede compararse con una forma irreal en el presente.

9.3.8. Después de **it's high time**, *ya era hora* (que indica "debería estar hecho")

It's high time we repaired it.

Ya era hora de que se reparara.

It's high time you left.

Ya era hora de que te fueras.

Compárese con:

It is time to go, una simple observación: *Es hora de irse.*

9.3.9. To be going to, *ir a*, **to be about to**, *estar a punto de*, se usan en el pretérito para indicar, en el pasado, que no tardaría en producirse un acontecimiento. Se trata de una especie de futuro cercano en el pasado.

He was going to leave.

Iba a irse.

We were about to begin.

Estábamos a punto de comenzar.

9.4. El present perfect

9.4.1. Formación
Se forma como el antepresente del español: con el auxiliar
to have + participio pasado: *él partió*, **he has gone**.

> *He visitado la ciudad.* **I have visited the town**.
> *La he visto.* **I have seen her**.

Forma interrogativa: **Have I visited?**
Forma negativa: **I have not visited, I haven't visited**.
Interrogativa-negativa: **Have I not visited? Haven't I visited?**

9.4.2. Empleo
Se trata en realidad de un tiempo relacionado con el presente, que se emplea cuando un proceso (acción, estado, acontecimiento, etc.) todavía dura, cuyas consecuencias se esperan en el presente, o que se sitúa en un período no terminado o especificado.

9.4.3. Acción que todavía dura (no terminada)

> **I have been living here for five years**.
> *He vivido aquí durante cinco años.*

9.4.4. El **present perfect** se emplea para expresar una acción no terminada, pero que se considera desde el punto de vista de sus consecuencias en el presente, y cuya fecha no se conoce o al menos no se menciona (no se puede responder a la pregunta "cuándo").

> **I have been to the U. S.**
> *He ido a Estados Unidos* (conozco Estados Unidos).

Pero, por supuesto:

> **I went to the U. S. in 1982**.
> *Fui a Estados Unidos en 1982.*
> (En pretérito, pues la acción está terminada y con fecha.)

9.4.5. Cuando en español *desde* indica la *duración* de un acto comenzado en el pasado y que aún persiste, se usa el **present perfect** en inglés. *Desde* se traduce por **for**:

We've been working for several hours.
Estamos trabajando desde hace varias horas.

9.4.6. Cuando en español *desde* indica un punto de partida, el origen, *el principio* en el pasado de una acción que aún persiste, el inglés utiliza el **present perfect**: *desde* se traduce por **since**:
We've been working since Monday.
Estamos trabajando desde el lunes.

9.4.7. La diferencia que en español se marca por *desde hace* (duración) y *desde* (punto de partida) se traduce en inglés por la diferencia entre **for** y **since**. Ambas frases estarán en **present perfect**:
Estamos trabajando desde hace dos horas.
We've been working for two hours.
Estamos trabajando desde las dos.
We've been working since 2 p.m. (**p.m.** = *pasado meridiano*).

9.4.8. Pasado inmediato, pasado cercano
Para expresar que una acción es reciente, que se sitúa entre el pasado y el presente, se emplea una construcción llamada "pasado inmediato", "pasado cercano" o "pasado reciente", que se construye con el **present perfect** + **just**, siguiendo este orden:
have + adverbio **just** + participio pasado
y corresponde al tiempo presente de *acabar de* + infinitivo en español.
I have just finished.
Acabo de terminar.
They have just left.
Acaban de salir.
Nota: encontramos un esquema análogo para traducir *acababa de...* que emplea el **pluperfect** + **just** + participio pasado.
She had just arrived.
Acababa de llegar.

9.4.9. El **present perfect** se utiliza para hablar de acontecimientos situados en la misma unidad de tiempo en la que uno se encuentra en el momento de hablar.

They haven't heard from him this year.
No han oído hablar de él este año.
We haven't seen her today.
No la hemos visto hoy.
I have sent the final report this week.
Envié el informe final esta semana.

Nota: cuando uno se refiere a una unidad de tiempo que no es ya la actual (ayer, la semana pasada, el año pasado, etc.), el acontecimiento se coloca en una fecha determinada y se emplea el pretérito:

They didn't hear from him last year.
No oyeron hablar de él el año pasado.
We didn't see her yesterday.
No la vimos ayer.
I sent the final report last week.
Envié el informe final esta semana.

El tiempo puede cambiar incluso cuando se habla de acontecimientos sucedidos esta misma mañana, según si ésta no ha terminado (= **present perfect**), o si ya nos situamos en la tarde.

We have worked a lot this morning.
Hemos trabajado mucho esta mañana.
(= todavía es por la mañana)
We worked a lot this morning.
Trabajamos mucho esta mañana.
(= ya es por la tarde o noche)

9.4.10. Representación esquemática del **present perfect**

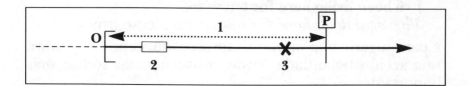

1: acción que ha comenzado anteriormente y prosigue en el momento **P**.
2 y **3**: acciones terminadas situadas en el período **O-P** (**O**: origen de la duración considerada); **2** es una acción que dura cierto tiempo; **3** es una acción puntual.

El **present perfect** y los tiempos del español

1er. caso: el verbo tiene un aspecto de duración

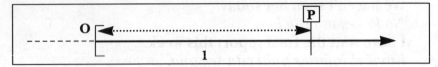

Y se traduce por el presente:

I have lived in Paris for ten years.
Vivo en París desde hace diez años.

2o. caso: el verbo tiene un aspecto puntual de repetición.
Se traduce por el antepresente:

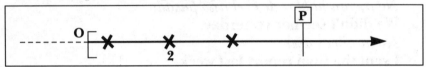

I've seen this film three times this week.
He visto esta película tres veces esta semana.

Cuando el verbo puede presentar ambos aspectos (duración o acción puntual), el español puede elegir:

The profits of this company have increased regularly over the past ten years.
Los beneficios de esta sociedad aumentan/han aumentado regularmente desde hace diez años.

9.4.11. El **present perfect** continuo

El **present perfect** continuo se emplea sobre todo para expresar:

• un proceso (acción, estado, comportamiento…) que ha comenzado anteriormente y puede prolongarse más allá del momento presente:

I've been living here for ten years.
Vivo aquí desde hace diez años (y no pienso irme).

• para sugerir una opinión (apreciación, reproche) sobre una acción terminada, cuyas consecuencias son lo más importante:

Look at my hands! I've been washing the car.
¡Mira mis manos! He estado lavando el auto (= por eso están tan sucias).

You've been drinking again!
¡Has estado bebiendo de nuevo! (= hueles a alcohol y te lo reprocho).

9.5. ¿Present perfect o *pretérito?*

9.5.1. Traducción de *hace* + indicación de tiempo.
Este "problema" (con el que han torturado a generaciones de estudiantes) es en realidad muy sencillo. Consiste ante todo en elegir el tiempo que se va a utilizar en inglés.

• Si *hace* (= desde) indica una continuidad entre el pasado y presente, se utiliza el **present perfect** (con **for** ante la expresión de duración):

I have known him for ten years.
Hace diez años que lo conozco (= lo conozco desde hace diez años)

• Si *hace* se refiere a un hecho terminado en fecha fija, situado en el pasado, se emplea el pretérito añadiendo **ago** al final de la frase, después del complemento que indica duración:

I met her ten years ago.
La vi por primera vez hace diez años (= hace diez años que la vi por primera vez).

9.5.2. Nótese la importancia de la elección de los tiempos en frases como las siguientes:

I worked with them for ten years.
*Trabajé con ellos **durante** diez años* (pero ya no trabajo con ellos, lo cual indica el pretérito).
I have been working with them for ten years.
Hace diez años que trabajo con ellos (lo que indica el present perfect).

9.5.3. Nótese también la diferencia entre:
It's ten years since they created the company.
Hace diez años que crearon la compañía.

y

It's ten years since they have run the company.
Hace diez años que dirigen la compañía.

En el 1er. caso, **created** está en pretérito, puesto que la acción de "crear" es pasada con fecha fija.

En el 2o. caso, **have run**, *dirigen* está en tiempo pasado y prosigue hasta el momento presente (véase 9.5.7).

Nótese que incluso delante de un plural (**ten years**) se usa el singular **it is**.

It is/was permite subrayar la duración (al igual que en español *hace*).

9.5.4. Esquema de referencia (véase también 9.5.8)

1a. frase: afirma la duración: **it is ten years**
2a. frase: determina el origen: **since**
3a. frase: a) origen puntual → pretérito
          b) origen de un proceso que prosigue hasta el momento presente → **present perfect**.

9.5.5. Observación: el inglés norteamericano presenta, en estos casos:

It's been (= **it has been**) en lugar de **it is**.
It's been ten years since they created the company.
It's been ten years since they have run the company.

Por cierto que este empleo de **it has been** corresponde a los usos del **present perfect**, puesto que se trata de una acción que comenzó en el pasado y continúa en el presente.

9.5.6. En otros casos, el inglés norteamericano emplea el pretérito donde el británico usaría el **present perfect**.

U.S. **I'm late, I missed my train.**
G.B. **I'm late, I've missed my train.**
Llegué tarde, perdí el tren.

Ambos empleos son justificables: se puede insistir en el momento del suceso (→ pretérito justificado, puesto que ello ocurrió en un momento preciso del pasado, en relación directa con los horarios del tren), o en el resultado (→ **present perfect** justificado, puesto que insiste sobre todo en el estado actual, las consecuencias de haber perdido el tren).

De hecho, se trata de una diferencia de uso práctico, y la contracción de **have** en **'ve** debe tener algo que ver en ello, ya que ambas fórmulas se oyen de manera muy similar.

9.5.7. ¿Present perfect o *pretérito?*

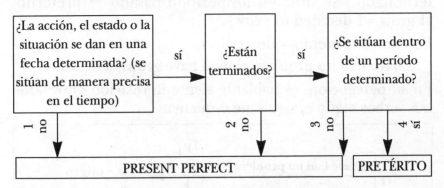

Ejemplos que corresponden a las flechas 1, 2, 3, 4:

1. **I've never seen him**.
   Nunca lo he visto.

   o **I've heard it on the radio**.
   Lo oí en la radio.

2. **I've known her for years**.
   La conozco desde hace años.

   o **It has always been true**.
   Eso siempre ha sido cierto.

3. **Today I've been fined for double-parking**.
   Hoy me multaron por estacionarme en doble fila.

   o **I've seen three films this week**.
   He visto tres películas esta semana.

4. **Last year, our sales increased by 10%**.
   El año pasado, nuestras ventas aumentaron en 10%.

   o **The Romans were good soldiers**.
   Los romanos eran buenos soldados.

9.5.8. Funcionamiento general y experiencia vivida por el hablante.

La aplicación de las reglas enunciadas no es totalmente mecánica y la forma en que percibe las cosas el que se expresa (hablante) a menudo determina la elección de los tiempos.

Así, para decir: "*Ya no tengo problemas desde que me dejé crecer la barba*", la solución "mecánica" empleando **to grow**, *dejar crecer*, sería:

I have had no problem since I grew a beard.

En efecto, el acto inicial de **to grow**, *dejarse crecer*, está terminado y se sitúa en un período pasado → pretérito (**I grew = I decided to grow**).

Pero encontraremos que se dice:

I have had no problem since I have grown a beard.

En su percepción, el hablante siente la relación entre ambos verbos según el siguiente esquema:

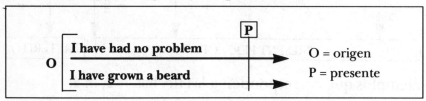

Ambas situaciones (**to have no problems** y **to grow a beard**) tienen el mismo origen en el tiempo y se siente la simultaneidad de los dos hechos, el paralelismo en los términos *no tengo problemas / me dejé crecer la barba;* de allí el **present perfect**.

9.6. *El antepretérito* (**pluperfect**)

9.6.1. Se forma con el auxiliar **to have** en pretérito (**had**) y el participio pasado. Tiene la misma forma en todas las personas:

I had succeeded	*yo había tenido éxito*
she had seen	*ella había visto*
we had entered	*habíamos entrado*

• En lengua hablada, a menudo se usa la contracción de **had, 'd**:

I'd seen her. (*Yo*) *la había visto.*

9.6.2. Forma negativa
Se forma colocando **not** entre **had** y el participio pasado.

we had not seen no habíamos visto

en lengua hablada a menudo se usa la contracción **hadn't**:

We hadn't seen her. *No la habíamos visto.*

9.6.3. Forma interrogativa
Had we succeeded? *¿Lo habíamos logrado?*
Had they seen me? *¿Me habían visto?*

9.6.4. Empleo

Su empleo es más o menos el mismo que en español. Permite indicar la anterioridad de un hecho en relación con otro en el pasado.

I had not seen him for years when we met in London.
No lo había yo visto en años cuando nos encontramos en Londres.

9.6.5. Forma en **-ing** (antepretérito continuo)

A menudo el antepretérito con forma en **-ing** tiene, en relación con el pretérito, el mismo papel que el **present perfect** en relación con el presente. Por lo general se asocia con una subordinada de valor temporal.

I had been driving for hours when I realized the engine was overheating.
Había yo estado manejando durante horas cuando me di cuenta de que el motor se calentaba.

10. Los modos

10.1. *El imperativo*

10.1.1. Formación

La 2a. persona (del singular o plural) toma la forma del infinitivo sin **to**:

Go!   *¡Ve! ¡Vaya!* o *¡Vayan!*
Stay! *¡Quédate!, ¡Quédese!* o *¡Quédense!*

Para las demás personas —sobre todo para la 1a. del plural, que es la más utilizada —se usa **to let** (*dejar* en el sentido de dejar que se haga algo) seguido del pronombre personal complemento y del infinitivo sin **to**.

Let us go!   (contracción en **let's go**) *¡Vamos!*
Let me go!   *¡Que (yo) vaya!*
Let him go!   *¡Que (él) vaya!*
Let her go!   *¡Que (ella) vaya!*
Let them go! *¡Que vayan!*

Let the polluters pay for the damages!
¡Que los contaminadores paguen por los daños!

10.1.2. Forma negativa

2a. persona del singular o plural:

do not go! (contracción en **don't**) *¡No vayas! ¡No vaya!*
¡No vayan!

1a. persona del plural:

Let us not go → **let's not go!** *¡No vayamos!*
Let them not do it! *¡Que no lo hagan!*

Nótese también la forma:

Don't let them do it! *¡Que no lo hagan!*

o, lo que equivale a lo mismo, *¡No dejen que lo hagan!*

Nota: Existe un imperativo enfático con **to do**:

Do take a seat! *¡Pero siéntese, por favor!*
Do be seated! *¡Pero siéntese, por favor!*

10.2. *Pospretérito*

10.2.1. Formación

Se forma con el auxiliar **would** para todas las personas.
Cuidado con la pronunciación [wʊd], la **l** no se pronuncia.

I would take	*tomaría*
you would take	*tomarías*
he, she, it would take	*tomaría*
we would take	*tomaríamos*
you would take	*tomarían*
they would take	*tomarían*

Contracción

I'd take
You'd take
he'd, she'd, it'd take
we'd take
you'd take
they'd take

Forma negativa: **I would not take**
Contracción: **I wouldn't take**
Forma interrogativa: **would you take?**
Forma interrogativa negativa: **wouldn't you take?**

10.2.2. Antepospretérito: **would** + **have** + participio pasado
Me habría gustado **I would have liked**
contracción **I'd have liked**
o bien **I would've liked**

Forma negativa: **I would not have liked**
contracción **I wouldn't have liked**
Interrogativa: **would you have liked?**
Interrogativa negativa: **wouldn't you have liked?**

10.2.3. Might y **could** pueden utilizarse como auxiliares del condicional y el condicional pasado. **Might** expresa la noción de probabilidad; **could** expresa la noción de posibilidad o capacidad.

> **He might come if he had time.**
> *Podría ser que viniera si tuviera tiempo.*
> **He could buy it if he had enough money.**
> *Podría comprarlo si tuviera bastante dinero.*

10.2.4. Sobre el empleo del condicional, véase 48, las subordinadas condicionales.

10.3. *El subjuntivo*

10.3.1. Es poco frecuente en inglés; en efecto, mientras que son muchas las conjunciones del español que requieren subjuntivo, sus equivalentes en inglés introducen el indicativo.

> **Before he goes**, *antes de que se vaya*
> **although it is late**, *aunque sea tarde*
> **as far as I know** , *que yo sepa*
> **until she answers**, *hasta que conteste.*

Construcciones como *quiero que venga, me gustaría que contestara* utilizan el infinitivo en inglés:

> **I want him to come**
> **I would** } **like her to answer**
> **I'd** }

De la misma manera:

Es demasiado tarde para que llamemos por teléfono

se traducirá por:

It is too late for us to phone.

10.3.2. Formación

Sí existe en inglés la expresión del subjuntivo por medio de formas específicas. Existe el subjuntivo llamado "simple" (la misma forma que el infinitivo sin **to** para todas las personas, sin la **s** en la 3a. persona del singular):
En inglés británico esta forma es frecuente en los documentos administrativos y jurídicos. En cambio, es frecuente en el inglés norteamericano común:

It is necessary that she attend the meeting.
Es necesario que ella asista a la reunión.
He ordered that they be released.
Ordenó que los soltaran.
He agreed to speak, on condition that he not be identified.
Aceptó hablar, a condición de que no lo identificaran.

Observación importante: nótese el lugar de la negación y la ausencia de **do** en la forma negativa del subjuntivo simple.

He suggested that they not go back home.
Sugirió que no volvieran a casa.

10.3.3. El inglés británico prefiere otra forma construida con **should** + infinitivo sin **to**.

It is necessary that he should come.
Es necesario que él venga.
He ordered that they should be released.
Ordenó que los soltaran.
The instructions were that we should not attend.
Las instrucciones eran que no asistiéramos.

10.3.4. Empleo

En inglés, el subjuntivo se emplea sobre todo después de verbos que expresan una orden, una instrucción, una recomendación, un consejo, una sugerencia... (**to order**, **to demand**, **to require**, **to determine**, **to decide**, **to advise**, **to propose**, **to suggest**...).

They suggested that he should come early/that he come early.
Sugirieron que llegara temprano.

10.3.5. El subjuntivo se emplea también después de expresiones formadas por **it is** + adjetivo que expresa el juicio del hablante (o después de expresiones equivalentes):

It is scandalous ⎤ **that he should be free.**
It is a scandal ⎦ **that he be free.**
Es un escándalo que esté libre.

o después de **for fear that** y **lest** (*por miedo de que, por temor de que*).

10.3.6. El subjuntivo simple se emplea con valor optativo (expresión de deseo):

God save the Queen! *¡Dios salve a la Reina!*
God bless you! *¡Dios los bendiga!*

Véase también en el 35. Las inversiones de ciertas fórmulas en el subjuntivo.

10.3.7. Existe un subjuntivo copretérito de **to be** que es **were** para todas las personas. Se utiliza para expresar algo irreal, con **if** (*si*), **as though** (*como si*) etc.

If I were you. *Si yo fuera usted.*
He spends money as though he were a millionnaire.
Gasta dinero como si fuera millonario.

• Sin embargo, es posible encontrarse con **was** en ese caso para la 1a. y 3a. persona del singular.

11. La forma en -ing

11.1. *El participio presente*
Expresa una acción que coincide con la que expresa el verbo principal:

He stood motionless, staring at the newcomer.
Permanecía inmóvil, mirando fijamente al recién llegado.
She went away, leaving her children to her mother.
Se fue, dejándole los hijos a su madre.

11.2. Puede ser equivalente a una subordinada:

Being your father, I should know you.
Siendo tu padre, debería yo conocerte.

Aquí **being** equivale a **as I am** = *como soy.*

11.3. *El adjetivo verbal*

Se emplea como adjetivo atributivo o predicativo:

This is an interesting story.
Es una historia interesante.
His story was quite interesting.
Su historia era muy interesante.

11.4. *La forma en -ing* (llamada progresiva o continua): recordatorio de los principales efectos de sentido

- **Water boils at 100 °C.**
  El agua hierve a 100 ° C.
  Listen! the water is boiling!
  ¡Escucha! El agua está hirviendo.

- **He works in a computer centre.**
  Trabaja en un centro de cómputo.
  He is working in his office. (En el momento en el que hablamos está trabajando.)
  Está trabajando en su oficina.

- **Look! I've washed the car!**
  ¡Miren! ¡Lavé el coche!
  Look! I've been washing the car!
  Ya ven, he estado lavando el coche.

- **What do you drink usually?**
  ¿Qué bebe usted por lo general?
  What are you drinking?
  ¿Qué bebe usted? (en este momento o con sentido de futuro)
  ¿Qué va a tomar?

- **I was working in my garden when the Stones arrived with their children.**
  Yo estaba trabajando en el jardín cuando llegaron los Stone con sus hijos.

- **I had been working for a couple of hours when I realized that there was something wrong**.
  Había estado trabajando un par de horas cuando comprendí que algo andaba mal.

- **He is always losing his keys**.
  Siempre está perdiendo las llaves.
  He's lost his keys.
  Perdió las llaves.

- **He is silly**.
  Es tonto.
  He is being silly.
  Se está haciendo el tonto.

Además de la diferencia tradicional entre la observación de tipo general (*el agua hierve a 100 °C*, **water boils at 100 °C**) y el hecho que se está llevando a cabo (**the water is boiling,** *el agua está hirviendo*), los ejemplos arriba mencionados hacen resaltar otra característica de la forma en **-ing**: se centra en el sujeto en <u>situación</u>, e insiste en que está implicado en la acción, mientras que la forma simple se limita a enunciar un hecho, una relación o un resultado vistos desde afuera.

11.5. *La forma en -ing puede indicar una acción futura:*

  What are you drinking? *¿Qué va a tomar?*

y sobre todo una acción prevista para el futuro:

  I am leaving tomorrow. *Me voy mañana.*

11.6. *El nombre verbal*

11.6.1. Formación
También se forma añadiendo **-ing** al infinitivo sin **to**, y posee a la vez las características de un sustantivo (puede ser sujeto o complemento, verse precedido por un adjetivo posesivo, etc.) y de un verbo (puede tener un complemento de objeto directo):

  Her leaving him so quickly does not surprise me.
  El hecho de que lo dejara tan pronto no me sorprendió nada.
  I'm not against meeting them.
  No estoy en contra de verme con ellos.

11.6.2. *Notas*

• Nótese la equivalencia:

posesivo + **-ing** = pronombre sujeto + verbo

his smoking = he smokes

Por ello el posesivo no se utiliza cuando el sujeto ya ha sido mencionado:

I like singing. *Me gusta cantar.*
John likes singing. *A John le gusta cantar.*

Pero:

I don't like his singing.
No me gusta su manera de cantar (o: *el hecho de que cante*).

• Nótese la diferencia entre:

This book is not worth reading.
Este libro no vale la pena de leerse.

y:

This book is not worth your reading.
No vale la pena que usted lea este libro.

• Puede existir una diferencia de sentido dependiendo de si la forma en **-ing** está precedida del posesivo o del pronombre complemento:

I didn't see him drawing. (**drawing** = participio presente)
No lo vi dibujar.
I didn't see his drawing. (**drawing** = sustantivo verbal)
No vi lo que dibujó (*su dibujo*).

11.6.3. Esta formación de sustantivos a partir de verbos dá gran flexibilidad al inglés, pues cualquier verbo puede "nominalizarse". A menudo existen para la misma noción dos palabras casi idénticas (la forma en **-ing**, de origen germánico confiere un carácter más práctico, menos abstracto, coloca más "en situación").

to implement, *poner en práctica, aplicar*
implementing, *puesta en práctica, aplicación*

coexiste con:

implementation (forma de sustantivo verbal de origen latino), *puesta en práctica, aplicación.*

De la misma manera:

to distribute, *distribuir*

distributing, *el hecho de distribuir*
distribution, *distribución*

El sentido puede también ser radicalmente distinto:

to explain, *explicar*
explaining, *el hecho de explicar*
explanation, *explicación*

to think, *pensar*
thinking, *el hecho de pensar, la forma de pensar*
thought, *pensamiento*

to sell, *vender*
selling, *venta* (el hecho de vender, la actividad de vender)
sale, *venta* (transacción entre comprador y vendedor)

En muchos casos no existe en inglés más que un solo sustantivo, derivado de la forma verbal:

to cycle, *montar en bicicleta*
→ **cycling**, *ciclismo*
to train, *entrenar, educar*
→ **training**, *entrenamiento*

11.6.4. Una preposición puede preceder a un sustantivo verbal:

before coming, *antes de venir*
She's tired of driving.
Está cansada de manejar.

11.6.5. Cuidado con **to**, que puede ser la partícula del infinitivo, o bien una preposición.

En una frase como:

I'm looking forward to hearing from you.
Espero ansiosamente sus noticias.

to es una preposición, lo cual explica la forma **hearing**.
Se puede determinar esto con seguridad sustituyendo el sustantivo verbal con un sustantivo o pronombre:

I'm looking forward $\begin{cases} \textbf{to it.} \\ \textbf{to my holidays.} \end{cases}$

Espero ansiosamente las vacaciones.

De la misma manera, en una frase como **to object to something**, **to** es una preposición (ya que precede a un sustantivo o pronombre). Tendremos pues:

He objects to leaving.
Se niega a irse, está en contra de irse.

Lo mismo sucede con **to be used** [yu:zd] **to**, *estar acostumbrado a:*

I'm used to it. *Estoy acostumbrado a ello.*
I'm used to driving by night.
Estoy acostumbrado a manejar de noche.

No debe confundirse con:

I used [yu:zd] **to drive by night**.
Yo solía manejar de noche.

11.6.6. Algunos verbos y ciertas expresiones van seguidos por la forma **-ing**.
Con ciertos verbos, es la única forma posible para el verbo que les sigue. Así **to enjoy** (*gozar, apreciar*), **to avoid** (*evitar*), **to keep** (*no dejar de, continuar*), **to risk** (*correr el riesgo de*).

Prices keep increasing.
Los precios no dejan de aumentar.

11.6.7. Ocurre lo mismo en el caso de las expresiones siguientes:

I don't mind, *no me molesta*
Do you mind? *¿No le molesta?*
I can't help, *no puedo evitar...*
it is worth, *vale la pena...*
it's no use, *no sirve de nada...*

11.6.8. Otros verbos van seguidos a veces por la forma en **-ing** y otras por el infinitivo con **to**, según el sentido. Éste es el caso de **to like**, *gustarle*, **to stop**, *parar*, **to remember**, *recordar*. Por lo general, el infinitivo con **to** indica una acción futura o hipotética:
Compárense los casos siguientes:

I like travelling.
Me gusta viajar.
I'd like to travel to the United States.
Me gustaría ir a Estados Unidos.
I remember seeing him.
Recuerdo haberlo visto.
Remember to call me tomorrow.
Acuérdate de llamarme mañana.

He stopped talking.
Paró de hablar.
He stopped to talk to his neighbour.
Se paró a hablar con su vecino.

11.6.9. Los verbos de percepción (**to see**, *ver*, **to hear**, *oír*, etc.) pueden ir seguidos de un sustantivo o pronombre + forma en **-ing**.

I heard him coming.
Lo oí venir (cuando venía).
We saw Bob running.
Vimos correr a Bob.

Pero también pueden ir seguidos por el infinitivo sin **to** (en voz activa)

I heard him come.
Lo oí venir (cuando venía).
We saw Bob run out.
Vimos a Bob salir corriendo.

El infinitivo sin **to** (en voz activa) indica que se trata de una acción puntual y percibida como un todo.

11.6.10. El caso de **to mind**
La forma en **-ing** que sigue a **to mind** es un sustantivo verbal y puede por ende tener varios complementos:

Do you mind lending me your car?
¿Le importa prestarme su auto?

• Puede ir precedida de un adjetivo posesivo:

Do you mind my borrowing your car?
¿No tiene inconveniente en que tome yo prestado su auto?

Es la construcción clásica que se considera más correcta: puesto que la forma en **-ing** es un sustantivo verbal, lo normal es que vaya precedida de un adjetivo posesivo. Sin embargo, en inglés hablado se oye con frecuencia:

Do you mind me borrowing your car?

como si la forma en **-ing** fuera un participio presente ("yo tomando prestado").

• De la misma forma, encontraremos en inglés moderno:

Do you mind John borrowing your car?
¿No le molesta que John tome prestado su auto?

o

I don't mind your brother borrowing my car.
No me molesta que tu hermano tome prestado mi auto.

De preferencia a

Do you mind John's borrowing your car?

o

I don't mind your brother's borrowing my car?

que son fórmulas que se consideran anticuadas o rebuscadas.

Nota: también encontramos la construcción:

Do you mind if I borrow your car?
¿Le molesta si tomo prestado su auto?

12. El infinitivo

12.1. En inglés, el infinitivo de un verbo se presenta tradicionalmente con su forma completa (= **to** + verbo): **to be**, *ser*, *estar*; **to go**, *ir*; pero la base verbal, el infinitivo sin **to**, puede emplearse sola.

12.2. El infinitivo puede ser sujeto:

To travel in winter is not always easy.
Viajar en invierno no siempre es fácil.

En estos casos, su empleo puede compararse con el de un sustantivo verbal (en **-ing**):

Travelling in winter is not always easy.

Se puede elegir cualquiera de estas dos formas, pero cuando se refiere a un sujeto preciso, es necesario emplear el infinitivo:

Refusing an invitation is not always easy
To refuse...
No siempre es fácil rechazar una invitación.

Pero:

I must go to Jane's party. I have been invited.
To refuse was impossible (= **it was impossible for me to refuse**).
Tengo que ir a la recepción de Jane. Me invitaron. Era imposible negarme (= me era imposible).

12.3. *Nota*: Hay que diferenciar este empleo del infinitivo como sujeto de verbo de los casos en que **to** = **in order to**, **so as to** (*para, a fin de, de manera que*):

To fish you need a rod and a hook.
Para pescar, se requiere una caña y un anzuelo.

12.4. Hay que diferenciar el **to** como marca de infinitivo de la preposición **to**:

I don't want to spend my holidays there.
No quiero pasar mis vacaciones allí.
I'm looking forward to spending my holidays there.
Me hace mucha ilusión pasar mis vacaciones allí.

En el segundo ejemplo, **to** es una preposición, como lo podremos comprobar si le añadimos un sustantivo o pronombre:

I'm looking forward $\left\{ \begin{array}{l} \textbf{to my holidays.} \\ \textbf{to it.} \end{array} \right.$

Me ilusiona la idea de mis vacaciones. Eso me ilusiona.

12.5. El "**split-infinitive**" o infinitivo dividido consiste en la introducción de un adverbio entre **to** y el verbo en infinitivo:

to accurately assess the situation
evaluar con exactitud la situación

Durante mucho tiempo, esta forma fue rechazada por los puristas y considerada como un americanismo poco recomendable, pero está ahora admitida en inglés moderno.

12.6. El infinitivo puede ser complemento de otro verbo:

I want to go away. *Quiero irme.*

El verbo **to want**, *querer*, nunca va seguido por **that** (*que*), sino de un sustantivo (o pronombre), que es a la vez complemento de **to want** y sujeto del verbo que le sigue:

I want him to come. *Quiero que venga.*
We don't want her to be late.
No queremos que llegue tarde.

La misma construcción funciona con **I'd like**:

I'd like them to come. *Quisiera que vinieran.*

y con verbos como **to expect** (*suponer*), etc

El sujeto de este infinitivo adopta la forma de complemento cuando se trata de un pronombre personal.

Véase también la oración infinitiva. (Véase 46).

12.7. *Principales usos del infinitivo sin* to

12.7.1. Los modales (véase 14): **can, must, may, will, shall.**

12.7.2. To let:

• ya sea que auxilie en la formación del imperativo (véase 10.1):
   Let us go. *Vamos.*

• ya sea que tenga el sentido de *dejar:*
   I won't let him do it.
   No dejaré que lo haga.

12.7.3. To make:

   I'll make you understand.
   Yo haré que lo entiendas.
   They made them open their bags.
   Los hicieron abrir sus bolsas.

12.7.4. To have: en el sentido de *mandar hacer, obligar a* alguien a hacer algo:

   I'll have them repair it.
   Haré que lo reparen/los obligaré a que lo reparen.
(Véase 13.7 sobre la voz pasiva)

12.7.5. Los verbos de percepción, sobre todo **to see** y **to hear:**

   I heard him come. *Lo oí llegar.*
   I saw him go. *Lo vi partir.*

• Estos verbos también pueden construirse con la forma en **-ing:**
   I saw Mary approaching.
   Vi acercarse a Mary.

• Atención: en voz pasiva volvemos a encontrar el infinitivo con **to:**
   He was heard to leave.
   Lo oyeron irse.
   She was seen to approach.
   La vieron acercarse.
   They were made to open their bags.
   Los obligaron a abrir sus bolsas.
(véase 13.7 sobre la voz pasiva).

12.7.6. Las expresiones **I'd rather** (**I had rather, I would rather**), *preferiría*, y **I'd better** (**I had better**), *valdría más que*, cuando su sujeto es también el del verbo que les sigue:

You'd better hurry.
Más valdría que se apuraran.
I'd rather wait.
Yo preferiría esperar.

12.7.7. Why, cuando la pregunta no precisa el sujeto, también va seguido del infinitivo sin **to**:

Why do it tomorrow?
¿Por qué hacerlo mañana?
Why not do it today?
¿Por qué no hacerlo hoy?

• Atención: Los demás adverbios interrogativos se construyen con el infinitivo completo.

13. La voz pasiva

13.1. Se forma con el verbo **to be** en el tiempo requerido y un verbo en participio pasado:

Lo envía el director.
He is sent by the manager.
Los jugadores serán elegidos por el entrenador.
The players will be selected by the coach.

13.2. El pasivo se emplea con mucha mayor frecuencia en inglés que en español. El agente se introduce por medio de la preposición **by**.
También se encuentran pasivos donde **with** introduce un complemento:

The road was lined with trees.
La carretera estaba bordeada de árboles.
The garden will be planted with roses.
El jardín se sembrará de rosales.

13.3. En inglés, cuando un verbo posee dos complementos, uno persona y el otro objeto:

They sent me a book.
Me enviaron un libro.

cualquiera de ellos puede convertirse en sujeto de la voz pasiva:

I was sent a book (by them).
A book was sent to me (by them).

13.4. La voz pasiva del inglés corresponde a diversas construcciones en español; a menudo se trata de la 3a. persona del plural, o la pasiva refleja con *se*:

I was offered a tie. *Me regalaron una corbata.*

I have been told (that)... ⎱ *Me dijeron que ...*
I was told (that)... ⎰

13.5. En inglés, la voz pasiva puede emplearse con verbos cuyo complemento va introducido por una preposición:

They laughed at me.
Se burlaron de mí.
I was laughed at.
Se burlaron de mí.
This bed has been slept in.
Alguien ha dormido en esta cama.

En inglés, esta construcción permite omitir al sujeto activo (en este caso, la persona que durmió en la cama).

13.6. Ciertos verbos activos del inglés pueden tener un sentido pasivo, que el español traduce con una pasiva refleja (véase 16.3.4):

It sells like hot cakes.
Se vende como pan caliente.
It reads well.
Se lee bien.

13.7. La transformación pasiva de un verbo puede provocar modificaciones de construcción. De esta manera, el infinitivo sin **to** que sigue a un verbo activo se sustituye por un infinitivo completo (véase 12.7.5).

→ **They made her open her suitcase.**
→ *La obligaron a abrir su maleta.*
→ **She was made to open her suitcase.**
→ *La obligaron* (fue obligada) *a abrir su maleta.*

→ **They saw him jump**. *Lo vieron saltar.*
→ **He was seen to jump**. *Se le vio saltar.*

13.8. Después de un verbo declarativo o de opinión en voz pasiva, encontraremos igualmente el infinitivo completo con el mismo sujeto que el verbo en voz pasiva; tendremos entonces, a partir de:

They say that <u>he</u> is a good manager.
Dicen que él es un buen administrador.
<u>He</u> is said to be a good manager.
Se dice que él es un buen administrador.

comparados con:

It is said that he is a good manager.

13.9. Nótese también el pasivo formado con **get** (véase 6.2.3).

14. Los verbos modales

Antiguamente se llamaban "defectivos", pues carecen de ciertas formas, pero hoy en día se les dice "modales", pues corresponden a una determinada modalidad de acción (posibilidad, obligación, permiso, etc.).

Son los verbos: **can**, **may**, **must**, **shall**, **will**, **need**, **dare**, **ought to**. Sus características son las siguientes:

- *no tienen infinitivo*

⇨ no tienen futuro ni condicional, ya que éstos se forman a partir del infinitivo sin **to** (**you will <u>be</u>, they would <u>take</u>** etc.).

- *no llevan s en la 3a. persona del singular del presente:*
he must, she can, it may.
- *no tienen participio pasado*

⇨ no tienen **present perfect** ni **pluperfect** (*antepresente* y *antepretérito*), ya que éstos se construyen utilizando el participio pasado (**I have <u>been</u>, we had <u>taken</u>**).

- *no tienen participio presente* o forma en **-ing**.

⇨ no tienen forma continua ni progresiva, ni tampoco sustantivo verbal.

• *no usan* do *para las formas interrogativa, negativa ni interrogativa negativa*

can you?	*¿Puedes?*
may I?	*¿Puedo?*
you must not (mustn't)	*No debe usted hacerlo*
can't he?	*¿él no puede?*

• *no usan* to *para introducir el verbo que sigue*

Can you do it?	*¿Puede usted hacerlo?*
May I come in?	*¿Puedo entrar?*
You mustn't eat it	*Usted no debe comer eso.*

Can't you phone tomorrow?
¿No puede usted llamarme por teléfono mañana?

14.1. Can, *poder*, indica una posibilidad física, o que no depende del sujeto.

I can carry it. *Yo puedo cargarlo.*
We can see him tomorrow. *Podemos verlo mañana.*

14.1.1. *Forma negativa del presente*: **cannot** (en una sola palabra), cuya contracción es **can't**, [kənt].

14.1.2. Pretérito: **could** [kʊd]

14.1.3. To be able to
En los tiempos y las formas que le faltan, **I can** se sustituye por su "equivalente" **to be able to** (**I am able to** + infinitivo, *soy capaz de*).

He had been able to do it.	*Lo había podido hacer.*
They will be able to repair it.	*Lo podrán reparar.*

Nótese, sin embargo, que en la práctica, a menudo se usa **can** con sentido de futuro:

I'm sure he can do it.
Estoy seguro de que podrá hacerlo.

14.1.4. Diferencias de uso entre **can** y **to be able**
Nótese la diferencia de sentido en los ejemplos siguientes:

He was not able to convince me.
No pudo convencerme = No logró convencerme.

Esta oración indica que fracasó un esfuerzo, una intención, quizá por falta de convencimiento o de habilidad, es decir, en función de un comportamiento <u>humano</u>.

His arguments could not convince me.
Sus argumentos no llegaron a convencerme.

Esta frase indica un resultado negativo a causa de la insuficiencia factual de los argumentos.

• Compárese también:

They could not reach the village because the bridge had been blown up.
No pudieron llegar al pueblo porque el puente había sido destruido (se trata de una imposibilidad material).
They were not able to reach the village before the night.
No pudieron llegar al pueblo antes de la noche (lo intentaron, era su intención, pero sus esfuerzos fracasaron).

14.1.5. Can se utiliza naturalmente con los verbos de percepción:

Can you see the poster?
¿Ve usted el cartel?
Can you hear me?
¿Me oyes?

14.1.6. Can también tiene el sentido de *saber* cuando este verbo indica una aptitud que debe ponerse en práctica:

Can you drive? *¿Sabe usted manejar?*
Can she swim? *¿Ella sabe nadar?*
They can't speak English.
No saben hablar inglés.
He can't read. *No sabe leer.*

14.2. May, *poder*, indica la autorización, el derecho:

You may do as you like.
Puede usted hacer lo que quiera.
May I leave now?
¿Me puedo ir ahora?

o la posibilidad, la probabilidad:

It may rain.
Puede que llueva.
She may decide to sell it.
Puede que se decida a venderlo.

14.2.1. Pretérito: **might**

Se emplea sobre todo con sentido de subjuntivo:

> **I sent him some money so that he might come.**
> *Le envié dinero para que pudiera venir.*

o para indicar una eventualidad menos probable que la que indica **may** :

> **It might rain.** *Podría ser que lloviera.*

14.2.2. Cuando se trata simplemente de expresar en el pasado la idea de permiso, se sustituye por el equivalente de **may: to be allowed**, *tener permiso.*

> **I was not allowed to stay.** *No me permitieron quedarme.*

14.2.3. *Notas*: la buena educación tradicional requiere que se use **may** en expresiones como "¿Puedo salir?"; por ejemplo, en el caso de un niño que pide permiso.

> **May I go out?** sigue siendo de buena educación, pero
> **Can I go out?** es lo que se usa a menudo.

14.2.4. Cuando indica una eventualidad en el futuro, **may** puede emplearse en el presente con un sentido de futuro:

> **It may rain tomorrow.**
> (= **It will perhaps rain tomorrow, May be it'll rain tomorrow.**)
> *Puede que llueva mañana.*

Para traducir *puede que lo haya visto* con sentido de duda, se puede usar **I may have met him**. (Como **may** no tiene participio pasado se usa el infinitivo pasado **have met**).

14.3. Must, *deber*, indica una obligación, que puede ser impuesta:

> **you must come**, *debes venir*

o percibida como un requerimiento o una necesidad personal:

> **My own view is that I must do it.**
> *Mi propio punto de vista es que debo hacerlo.*

Must puede traducirse por *es necesario*. Así, los ejemplos anteriores pueden traducirse como: *es necesario que vengas* y *Mi propio punto de vista es que es necesario que lo haga*.

La contracción de la forma negativa de **must not** es **mustn't**.

14.3.1. El pretérito **must** existe, pero se emplea rara vez, ya sea en oraciones subordinadas o para expresar una certeza:

> **He realized that that was what he must do**.
> *Comprendió que eso era lo que tenía que hacer.*

14.3.2. En los tiempos y las formas que le faltan, **must** se sustituye por su equivalente **to have to**.

To have to indica con frecuencia una obligación impuesta al sujeto:

> **I know I must do it, but I'll only do it if I have to**.
> *Ya sé que debo hacerlo, pero sólo lo haré si me veo obligado.*

Notas:

• **To have to** se considera como un verbo normal (no como el auxiliar **to have**) y se conjuga con el auxiliar **to do**.

> **You don't have to buy it now**.
> *No tiene que comprarlo en este momento.*

• Nótese la diferencia entre la prohibición que implica:
> **You must not do it**.
> *No debe hacerlo.*

y la ausencia de obligación:

> **You don't have to do it**. *No tiene que hacerlo.*
> (no es necesario que lo haga).

o

> **You needn't do it**. *No hace falta que lo haga* (véase 14.5)

• Hay que distinguir **to have to** (*deber*, que indica una obligación) y **to be to** (*deber*, que indica algo convenido).

> **I have to see her tomorrow**.
> *Tengo que verla mañana.*
> **I am to see her tomorrow**.
> *Debo verla mañana* (= quedamos en ello...).

14.3.3. Existe un sustantivo **must:**

It's a must.

Es algo obligado.

(Algo que hay que hacer, ver, etc.)

14.3.4. Must permite expresar la certeza del locutor.

You must be right = I'm sure you are right.

Debes tener razón = estoy seguro de que tienes razón.

14.3.5. must + **have** + *participio pasado* puede expresar la probabilidad, la casi certeza, igual que en español *he debido:*

I must have lost it.

He debido perderlo (literalmente debí haberlo perdido).

Obsérvese que, en esta estructura, el inglés expresa la idea de pasado con el infinitivo (**to have lost**, *haber perdido*, infinitivo pasado), ya que **must** no posee un participio pasado.

14.4. *Grados de certeza y duda*

14.4.1. *Certeza*

a) *Certeza positiva*:

It must be true.

Estoy segura de que es cierto.

Nessie must be a diplodocus.

Nessie (el monstruo del Loch Ness) *debe ser un diplodocus.*

(= estoy seguro)

Puede sustituirse por:

I'm certain that…

b) *Certeza negativa*:

It can't be true.

No puede ser cierto (estoy seguro de que no es cierto).

Nessie can't be a whale.

Nessie no puede ser una ballena.

14.4.2. *Falta de certeza*:

It might come.

Podría ser que viniera (no es imposible, pero lo dudo).

It may be true.
Podría ser cierto (no lo sé).

14.5. Need, *necesitar*. Pretérito: **needed**; participio pasado: **needed.**

Funciona ya sea como un verbo común:

He needs money. *Necesita dinero.*

ya sea (sobre todo en la forma negativa) como un defectivo:

You needn't tell them.
No necesitas decírselo a ellos.
no tiene caso decírselo a ellos.

14.5.1. *Nota*: Obsérvese la diferencia entre:

You must not tell them.
No debes decírselo a ellos.

y

You need not tell them.
No vale la pena decírselo a ellos.

14.5.2. Podemos hacer el siguiente resumen:
• obligación de hacer algo: **must**
• obligación de no hacer algo: **must not**
• falta de obligación: **need not.**

14.5.3. Nótese también la diferencia entre:

He did not need to wait for me.
No hacía falta que me esperara.
(= **he did not wait**, *no esperó*).

y

He need not have waited for me.
No tenía por qué esperarme.
(= **he waited,** *esperó*).

Esta expresión se asemeja a:

He shouldn't have waited for me.
No debió esperarme.

14.5.4. Cuadro sobre algunas correspondencias entre modales:

a) *certeza*

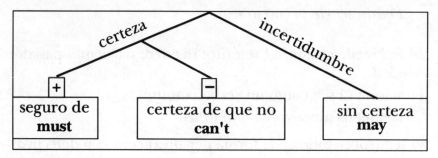

b) *obligación*

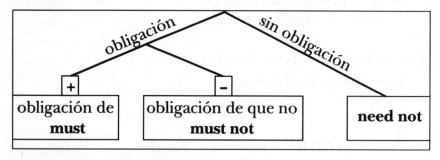

Nótese que la obligación + y la obligación – pueden corresponder a imperativos:

You must tell the truth → **Tell the truth**.
Debes decir la verdad → *Di la verdad.*
You must not lie → **Don't lie**.
No debes mentir → *No mientas.*

c) *permiso, autorización*

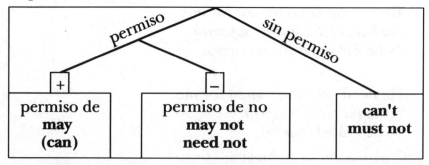

14.6. Dare, *atreverse*, funciona ya sea como verbo común:
What she dares on such occasions is surprising.
Lo que se atreve a hacer en esas circunstancias es sorprendente.

ya sea como defectivo:

I'm sure he dares not do it.
Estoy seguro de que no se atreve a hacerlo.

Sólo **dare** se puede usar en la forma interrogativa:

Dare she tell him that?
¿Se atreve a decirle eso?

Pretérito y participio pasado: **dared**.
El pretérito en forma negativa será:

I didn't dare ask him.
No me atreví a preguntárselo.

• Atención: existe un verbo "normal" y regular, **to dare**, *desafiar*.

I dare you to do it.
Te desafío a que lo hagas.
I dare you! *¡A que no lo haces!*

La expresión **I daresay** significa **probably**.

14.7. Shall y **will**, son auxiliares que se emplean para formar el futuro (véase 9.2).

Will también se emplea para construir la forma frecuentativa (véase 15).

Nótese que en ocasiones **will** conserva su sentido original de *querer*. **I will**, se dice cuando uno se casa. No se trata de un futuro. Lo mismo ocurre con una pregunta como:

Will you do that for me?
¿Quieres hacer esto por mí?

14.8. Should: I should, *debería* expresa la idea de un consejo, una recomendación, de lo que se hace normalmente en una situación determinada:

You should read a few books in english.
Deberías leer algunos libros en inglés.
I should have phoned.
Debería yo haber llamado por teléfono (pero no lo hice).

(Como **should** no tiene participio pasado, se usa el infinitivo pasado.)

14.8.1. should sólo se emplea para formar el subjuntivo. Véase 10.3.

14.9. Ought to: **I ought to**, *debería*, indica una obligación moral más fuerte que **should.**

I should know, *debería saberlo* (en principio).
I ought to know, *si lo sabré yo* ("en eso tengo experiencia").

14.10. Would: se usa principalmente como auxiliar del condicional en todas las personas.

I would go if I could. *Iría si pudiera.*
They would agree. *Estarían de acuerdo.*

Se utiliza para la forma frecuentativa que indica una costumbre o una repetición en el pasado (véase 15.1):

He would visit us on Mondays.
Solía visitarnos los lunes.

• La contracción de **would** es **'d**:
I'd go if I could. *Yo iría si pudiera.*
He'd visit us on Mondays. *Nos visitaba los lunes.*

• **Would** conserva en ocasiones el sentido de *querer*.
They told him to move but he wouldn't.
Le dijeron que circulara pero se negó.

14.11. 'd rather (would rather): esta expresión que permite expresar la preferencia (al igual que **'d sooner** = **would sooner**) se construye de dos maneras:

a) **I'd rather stay**. *Preferiría quedarme.*

El pronombre **I** es sujeto de **'d rather** y del verbo que le sigue (Nótese el infinitivo sin **to**).

b) **I'd rather you left**. *Preferiría que te fueras.*
El verbo en pretérito modal cuyo sujeto es diferente del de **'d rather** expresa lo "irreal en presente", en relación con la realidad en el momento presente. La realidad es que no te vas (o que no te has ido), pero yo preferiría que te fueras.

14.12. Should y would

Should remite a la norma, a lo que se hace normalmente en una situación o un medio determinados, sin que exista una obligación externa (de allí ciertos efectos de sentido, como el de consejo: **You should be more careful**. *Deberías* *tener más cuidado*). Se distingue pues muy claramente de **would**, condicional, frecuentativo o expresión de voluntad.

> **I should do it.**
> *Debería yo hacerlo.*
> **I would do it if I could.**
> *Lo haría si pudiera.*
> **You shouldn't say that.**
> *No deberías decir eso.*
> **I wouldn't say that.**
> *Yo no diría eso* (si tuviera que decir algo, considerando lo que pienso de la situación).

• Nótese la diferencia entre:

> **You should come, you know** (consejo que doy).
> *Deberías venir, sabes.*

y

> **If he asked you, you would have to come** (condicional).
> *Si él te lo pidiera, tendrías que venir.*

• Atención: a diferencia de **would**, **should** no tiene contracción en la forma afirmativa.

14.13. *Traducción de pude, debo haber, etc. + infinitivo*

> *Pudo pensar que...,*
> **He may have thought that...**
> (literalmente *puede haber pensado que...*)
> *Debo haberlo olvidado...,*
> **I must have forgotten...**
> (literalmente, *debo haberlo olvidado*).

Como **may** y **must** no tienen un participio pasado, la marca del pasado se transfiere al infinitivo que les sigue:

> **have thought**, *haber pensado*.
> **have forgotten**, *haber olvidado*.

• Nótese que se trata del infinitivo pasado *sin to*, que es lo normal después de los modales.

14.14. Nótese que los defectivos **can** y **may** pueden usarse en el modo condicional:

I could   } + inf, sin **to** *podría* + verbo
I might   }

he could phone   *podría llamar por teléfono*
(tendría la posibilidad)
he might phone   *podría llamar por teléfono*
(podría ser que ...)

Permiten la expresión del antepospretérito:

I could   } **have** + p.p. *habría podido* + verbo
I might   }

he could have phoned *habría podido llamar por teléfono*
                          (posibilidad material)
he might have phoned *podría haber llamado*
                          (podía haber ocurrido...)

14.15. Para **must**, hay que recurrir a su equivalente **to have to**: **I would have to** + inf.

tendría (sería necesario que) + verbo
If she needed it, I would have to buy it.
Si ella lo necesitara, tendría yo que comprarlo.

• Para expresar el antepospréterito (*habría tenido que, habría sido necesario que...*) encontraremos: **I would have had to** + infinitivo.

If they had come, I would have had to wait for them.
Si hubieran venido, yo habría tenido que esperarlos
(= habría sido necesario que los esperara).

• De la misma manera:
You should have come, you know.
Debiste venir, lo sabes.
If he had asked you, you would have had to come.
Si te lo hubiera pedido, habrías tenido que venir
(= habría sido necesario que vinieras).

15. La forma frecuentativa

15.1. Indica la repetición de una acción en el pasado:
I used to see him everyday.
Yo lo veía todos los días.

Para una repetición menos sistemática que depende más del sujeto, se emplea **would**:

He would often come and see me.
Venía a verme con frecuencia.

• *Atención*: la forma **used to** sólo puede emplearse en el pasado; para el presente, traduciremos así la misma noción de costumbre:

I usually see him on Mondays.
Por lo general, lo veo los lunes.

15.2. La forma **used to** también se usa para marcar la oposición entre algo ya definitivamente pasado (y que por lo general se extraña) y algo presente:

Things are not what they used to be.
Las cosas ya no son como eran.

De hecho, éste es el empleo más frecuente de **used to**.

• Otros ejemplos:

I used to see him everyday. Now we hardly meet once a year.
Antes lo veía yo casi diario. Ahora apenas nos vemos una vez al año.
There used to be a school in every village. Now children have to travel long distances.
Antes había una escuela en cada pueblo. Ahora los niños tienen que recorrer largas distancias.

15.3. Existe una forma frecuentativa para el presente, con **will**.

He will occasionally come and see me.
Me viene a ver de vez en cuando.
They danced all night, as young people will.
Bailaron toda la noche, como lo hacen los jóvenes.

Su uso es poco frecuente, y se limita más bien a fórmulas de tipo proverbial:

Boys will be boys.
Los muchachos siempre serán muchachos.

16. El verbo y sus complementos

16.1. *Verbos transitivos e intransitivos*

16.1.1. Los verbos se consideran *transitivos directos* cuando van seguidos directamente de su objeto, sin una preposición:

to complete something, *completar algo*

16.1.2. Se llaman *transitivos indirectos* cuando su objeto debe ser introducido por una preposición:

to think of something, *pensar en algo*

16.1.3. Se dice que un verbo es *intransitivo* cuando no tiene un objeto:

to lie, *mentir;* **to fall**, *caer*

16.1.4. Ciertos verbos pueden emplearse de manera transitiva o intransitiva:

to speak, *hablar*
to speak the truth, *decir la verdad*

16.1.5. Algunos verbos intransitivos en español tienen equivalentes transitivos en inglés. Citemos, entre otros:

acercarse a alguien, *a algo:*	**to approach (something,** **someone)**
asistir a (una reunión):	**to attend**
cambiar de:	**to change** (+ plural)
cambiar de empleo:	**to change jobs**
convenirle a:	**to suit**
entrar en (un lugar):	**to enter**
resistir a (luchar contra):	**to resist**
rivalizar con:	**to rival** etc.

16.1.6. Ciertos verbos transitivos directos en español (la preposición a precede sólo al complemento de persona) tienen equivalentes transitivos indirectos en inglés:

esperar a alguien, esperar algo:
to wait for someone, something
escuchar a alguien, escuchar algo:
to listen to someone, something

mirar a alguien, mirar algo:
to look at someone, something etc.

16.1.7. Cuidado con las diferencias de construcción entre el español y el inglés en casos como:

pedirle una cosa a alguien,
to ask someone for something
plantearle una pregunta a alguien,
to ask someone a question
pagarle algo a alguien,
to pay someone for something

16.1.8. Ciertos verbos cambian de sentido según si se construyen como transitivos o intransitivos:

to attend a meeting, *asistir a una reunión*
to attend to something, to someone,
ocuparse de algo, de alguien.

16.2. *Complementos directos e indirectos;*
   verbos con doble complemento directo

16.2.1. En principio, el complemento directo (el que no requiere preposición) precede al indirecto (introducido por una preposición):

to sell a book to someone, *venderle un libro a alguien*

Pero, en inglés, tanto el complemento de persona como el de objeto pueden aparecer sin preposición:

She gave Paul a book.
Le dio un libro a Paul.
I bought my son a dictionary.
Le compré un diccionario a mi hijo.

En este caso, el complemento de persona precede al de objeto. Es el caso natural con el pronombre personal:

I bought him a car.
Le compré un auto.
They sold us their car.
Nos vendieron su auto.

(Pero también encontramos: **I bought a car for him, they sold their car to us.**)

Otros ejemplos:

Get me one! → **Get one for me!**
¡Consígueme uno!
He showed me his office. → **He showed his office to me.**
Me mostró su oficina.

• Nota: Cuando existen dos pronombres, es necesario utilizar una preposición para introducir el complemento.

Give me the book! *¡Dame el libro!*

Pero:

Give it to me. *Dámelo.*
I bought him a car.
Le compré un auto.

Pero:

I bought it for him.
Lo compré para él.

16.3. *Los pronominales*

16.3.1. Traducción de los pronominales reflejos (el sujeto realiza la acción sobre sí mismo). Según los casos, la construcción resulta parecida o diferente de la del español:

Se miró en el espejo.
He looked at himself in the mirror.
¿Te cortaste?
Did you cut yourself?

Muchos pronominales reflejos del español funcionan de manera diferente en inglés:

lavarse, **to wash**
rasurarse, **to shave**
levantarse, **to get up**, **to stand up**
alejarse, **to go away**
preocuparse, **to worry**
preguntarse, **to ask oneself** o **to wonder**
Se torció el tobillo. **She (has) sprained her ankle.**
Se ducharon. **They took their shower.**

16.3.2. Traducción de los pronominales recíprocos (varias personas realizan una sobre otra la acción indicada):

Se insultan.
They abuse each other (one another).

16.3.3. Traducción de los pronominales propiamente dichos (la forma refleja no posee una función gramatical pues el verbo sólo existe con esa forma):

Se apoderaron de la ciudad. **They seized the town.**

16.3.4. Ciertos verbos ingleses que se emplean con un complemento que indica la manera se traducen con el pronominal en español (con sentido pasivo, véase 13.6):

It reads well. *Se lee bien.*
These articles sell like hot cakes.
Estos artículos se venden como pan caliente.

16.4. *Los complementos circunstanciales*
Expresan la causa, el lugar, el tiempo (fecha, duración) etc.
En inglés vienen generalmente introducidos por preposiciones:

That was mainly because of their ignorance.
Era sobre todo por su ignorancia.
It flew over the town. *Sobrevoló la ciudad.*
They will stay (for) a couple of days.
Se quedarán un par de días.

Sobre el orden de los complementos, véase la oración simple (véase 31).

---

17. Los verbos con partículas

17.1. Para introducir su complemento, precisar su sentido, o ambas cosas, ciertos verbos requieren pequeñas palabras gramaticales llamadas partículas.

to think of something, *pensar en algo*
to go away, *alejarse*

Según la terminología clásica, estas partículas se llaman preposiciones (= colocadas delante) cuando su función es introducir un complemento, y posposiciones (= colocadas después) cuando forman parte integral del verbo y pueden acompañar al infinitivo o al imperativo.

Así por ejemplo, **at** en **to look at somebody** (*mirar a alguien*) es una preposición; **up** en **to look up** (*alzar la vista*) es una posposición (adverbio).

17.2. *Las preposiciones*

Son las pequeñas palabras de relación que unen al verbo con su complemento (sustantivo o pronombre). Pueden indicar la posición, el movimiento en el espacio o el tiempo en relación a un punto de referencia, etc.

En español, *para, sin, con, hacia, de*, etc., son preposiciones.

17.2.1. He aquí algunas de las preposiciones más frecuentes en inglés:

above: *por encima de*
after: *tras*
at: *en*
because of: *a causa de*
before: *antes de*
below: *por debajo de*
by: *por*
for: *para*
in: *dentro de*
into: *dentro de* (con movimiento)
on: *sobre*
out of: *fuera de*
over: *encima*
to: *hacia* (con movimiento)
under: *debajo de*
with: *con*
without: *sin*

• Atención: **after**, **because**, **before**, **for** pueden ser conjunciones de subordinación.

Without no es nunca una conjunción; *sin que* se traducirá entonces por **without** + sustantivo verbal (**-ing**):

> **He went out without my noticing him.**
> *Salió sin que me diera cuenta.*

• Nota: con excepción de **with**, *con*, que sólo es preposición, las demás preposiciones de esta lista pueden ser posposiciones o adverbios, o ambas cosas. Pueden adoptar sentidos diferentes de los aquí mencionados (ejemplo: **on**, como posposición también puede indicar la continuidad).

17.2.2. Algunos ejemplos:

I met her by chance.
Me la encontré por casualidad.
He comes from Scotland.
Viene de Escocia.
I'll meet you at the station.
Te recogeré en la estación.
We'll be lost without him.
Estaríamos perdidos sin él.
They want to go to the pictures.
Quieren ir al cine.

17.2.3. In indica inmobilidad en un lugar; **to** desplazamiento hacia un lugar; **into** penetración en un lugar.

I live in London. He wants to go to London. He went into the room.

17.2.4. Obsérvese que las preposiciones pueden desplazarse hasta el final de una oración:

Where does he come from?
¿De dónde viene?
Here's the man you wanted to talk to.
Este es el hombre con quien querías hablar.

En este último caso, nótese la omisión del pronombre relativo:

Here is the man to whom you wanted to talk. → **Here is the man (whom/who/that) you wanted to talk to**.

Recordatorio: véase 16.

17.2.5. Algunos verbos en español tienen un complemento directo (sin preposición, o con <u>a</u> cuando se trata de persona):

esperar a alguien, algo
mirar a alguien, algo
escuchar a alguien, algo

mientras que en inglés se construyen con una preposición:

Wait for me! *¡Espérame!*
I'm looking at them. *Los estoy mirando.*
You should listen to John. *Deberías escuchar a John.*

Por el contrario, algunos verbos que en español se construyen con preposición poseen en inglés un equivalente de construcción directa (sin preposición).

Nos acercamos a la ciudad.
We are approaching the town.
Asistí a su curso.
I (have) attended his course.
Se dirigió a su auditorio.
He addressed the audience.
Ella obedeció las órdenes.
She obeyed the orders.

17.2.6. En inglés, las preposiciones a menudo se emplean de manera más específica que en español. Mientras que, por ejemplo, se usa la misma preposición *a* en:

Iré a recibirte a la estación (lugar sin movimiento).
Quiero ir al cine (movimiento, dirección, meta).
No te asomes a la ventana (*a* = *por* = *afuera de*).

el inglés indica la naturaleza de la acción o el movimiento de manera más precisa: **at the station, to the pictures, out of** (*fuera de*) **the window.**

Para elegir la preposición adecuada en inglés, resulta útil "visualizar" la acción.

• Otros ejemplos:

comprarle algo a alguien
to buy something from somebody
venderle algo a alguien
to sell something to somebody

17.2.7. *Atención:* las preposiciones introducen un complemento, así que <u>sin complemento</u> no hay preposición.

Wait for me! *¡Espérame!*

Pero:

Wait! *¡Espera!*

• De la misma manera:

We shall wait.
Esperaremos.
Cant't you listen?
¿No puedes escuchar?

I didn't look.
No miré.

Pero:

We shall wait for you.
Can't you listen to your brother?
I didn't look at it.

17.2.8. Cuando el complemento ya ha sido expresado, el inglés conserva la partícula específica del verbo:

He is a difficult man to live with.
Es un hombre con quien resulta difícil vivir (literalmente: vivir con).
A pencil is something to write with.
Un lápiz es algo para escribir (literalmente: escribir con).
Paper is something to write on.
El papel es algo para escribir (literalmente: escribir sobre).
It is a nice house, but not so nice to live in.
Es una hermosa casa, pero no tan agradable para vivir (literalmente: vivir en).

17.2.9. Traducción del gerundio o *al* + infinitivo en español:

a) Expresión de medio: ⇨ **by** + **-ing**
They escaped by digging a hole.
Se evadieron abriendo un hoyo.

b) Referencia en la relación con un acontecimiento.
On arriving, he noticed the door was open.
Al llegar (llegando) se dio cuenta de que la puerta estaba abierta.

c) Localización de un proceso dentro de otro ⇨ **in** + **-ing**
In accepting this view he was admitting that he had been mistaken.
Al aceptar esta opinión aceptaba estar equivocado.

También puede emplearse **when** o **as**:

They were killed as they were trying to escape.
Los mataron al tratar de huir.

d) causa y efecto: dos verbos coordinados
He slipped on a banana skin and broke his leg.
Se rompió una pierna al resbalar sobre una cáscara de plátano.

e) Dos acciones simultáneas: el 2o. verbo se traduce con un participio presente.

They ran frantically shouting fire.
Corrían como locos gritando ¡fuego!

También se puede emplear una posposición:

They ran out. *Salieron corriendo.*

17.3. *Las posposiciones*

Muchos verbos ingleses pueden precisar o modificar su significado añadiéndoles a continuación una de esas palabras llamadas "posposiciones".

in	indica penetración, entrada
out	indica un movimiento de salida, de retiro
up	indica un movimiento hacia arriba
down	indica un movimiento hacia abajo
off	indica partida, separación
away	indica alejamiento
on	indica continuación

to come in	*entrar*
to show in	*invitar a entrar*
to let in	*dejar entrar*
to go out	*salir*
to move out	*mudarse*
to look up	*alzar la vista*
to put down	*poner, colocar*
to take off	*despegar*
to be off	*partir*
to run away	*huir*
to put on	*ponerse*
to pass on	*pasar de uno a otro*
to go on, to carry on	*continuar*

17.3.1. Las posposiciones forman una unidad con el verbo; pueden:

a) matizar su sentido:

to look	*mirar*
to look up	*alzar la vista*

b) modificar radicalmente su sentido:

to go up	*subir*
to go out	*salir*

Contrariamente a las preposiciones, las posposiciones se conservan con el infinitivo y el imperativo:

to go out	*salir*
Go out!	*¡Salga!*

Un mismo verbo con posposiciones diferentes tendrá sentidos radicalmente diferentes. Así, por ejemplo:

To get: este verbo empleado solo significa *obtener* cuando va seguido de un sustantivo y *volverse* cuando precede a un adjetivo, pero adquiere una amplia gama de significados según la posposición que le sigue:

to get up	*levantarse*	**to get away**	*partir, huir*
to get out	*salir*	**to get in**	*entrar*
to get down	*bajar*		

Aquí, de hecho, la posposición es la que define el significado principal.

17.3.2. *Nota*

Cuando se coloca en el inicio de la oración, la posposición añade viveza a la expresión:

Off we go! *¡Ya nos vamos!*

17.4. *Preposiciones y posposiciones*

Compárense los ejemplos siguientes:

Look at me! *¡Mírame!*

y **Look up!** *¡Alza la vista!*

En el primer caso, la preposición **at** sólo puede emplearse con un complemento (**me**). Sin complemento, desaparece: **look!** *¡Mira!* En cambio, la posposición **up** forma una unidad con el verbo; por ello se mantiene con el infinitivo y el imperativo:

to look up *alzar la vista*

look up! *¡Alza la vista!*

17.4.1. Ciertas "partículas" (palabras gramaticales) pueden ser tanto preposiciones como posposiciones.

• **up**

preposición: **to go up the street**
ir calle arriba

posposición: **to go up**
subir, aumentar

• **down**

preposición: **He lives down the street**
Vive calle abajo

to walk down the street
caminar calle abajo
posposición: **to walk down**
bajar caminando

17.4.2. Este cambio de función se lleva a cabo con o sin un cambio de significado:
– sin cambio:
to go up, *subir*
to go up a slope, *subir una cuesta*
– con cambio de significado:
• in
como preposición indica inmovilidad en un lugar:
to work in a room.
trabajar en una habitación.
como posposición, indica movimiento:
Come in! *¡Entra!*

Nota: para expresar la misma idea de entrar en un lugar específico, puede utilizarse la preposición **into** + complemento:
Come into the room.
Entra en la habitación.

• on
como preposición significa *sobre:*
to sit on a chair, *estar sentado en una silla*
como posposición, indica continuación:
to go on, *continuar*

17.4.3. *Traducción de las preposiciones y posposiciones*
Su significado es muy marcado, sobre todo cuando indican un movimiento. En ese caso, es necesario traducirlas por un verbo en español:
He was running down the street.
Bajaba la calle corriendo.
He ran away.
Se escapó corriendo.

La preposición **down** y la posposición **away,** que describen la acción principal desde el punto de vista del sentido, se han traducido por un verbo en español (*bajar, correr*), y el verbo inglés no hace más que precisar la forma en que se realiza la acción.

De la misma forma, en **show her in**!, *¡hazla pasar!*, la posposición **in** es la que define el significado principal de la frase, y por ello se traduce con un verbo en español.

to talk someone into doing something
convencer (con palabras) a alguien de que haga algo.
to threaten someone out of doing something
convencer (con amenazas) a alguien de que no haga algo.

Nota: este tipo de construcción —y de traducción— existe también en el caso de los adjetivos, que, al igual que las preposiciones o posposiciones, indican el resultado de una acción:

He shouted himself hoarse. *Se puso ronco de tanto gritar.*
He read himself blind. *Perdió la vista de tanto leer.*

17.4.4. Un verbo puede estar seguido a la vez de una posposición y de una preposición que introduce un complemento. Así, por ejemplo:

He ran away from the store. *Huyó de la tienda.*

Away funciona junto con **to run**, cuyo sentido modifica; **from** introduce el complemento **the store**.

De la misma forma:

Please put me through to extension 208.
Por favor, páseme la extensión 208.

Through, que es aquí posposición, modifica el sentido de **to put**:
to put through, conectar; **to**, preposición que indica destino, introduce el complemento **extension**.

17.4.5. Colocación del complemento de los verbos con partícula

a) Con una preposición, el complemento se coloca forzosamente después de ésta:

I'm waiting for my sister. *Estoy esperando a mi hermana.*
I'm waiting for her. *La estoy esperando.*

b) Con un adverbio-posposición
Cuando el complemento es un sustantivo, puede colocarse antes o después del adverbio:

Turn the light on/Turn on the light. *Enciende la luz.*

Cuando el complemento es un pronombre, se coloca obligatoriamente antes del adverbio:

Turn it on! *¡Enciéndela!*

Ejercicios Libro I
(LOS VERBOS)

I.   Traducir (TO BE + adjetivo):
1. Ella es feliz.
2. Está contento.
3. Está retrasado.
4. Es tarde.
5. No está retrasada.
6. Tengo hambre.
7. Tenemos sed.
8. ¿Tienes hambre?
9. No tengo sed.
10. Está oscuro.
11. Hace frío.
12. Tienen miedo.
13. John tiene 20 años.
14. Tengo cuarenta años.
15. Ann tiene 36 años.

II.   Conjugar en la 3a. persona del singular del presente:
1. take
2. go
3. try
4. stop
5. reach (alcanzar)
6. hiss
7. come
8. leave
9. can
10. must

III.   Traducir (Presente simple y presente con -ING):
1. Ella está leyendo.
2. ¿Qué estás haciendo?
3. Apaga* el gas, el agua está hirviendo.
4. Es tarde.
5. El agua hierve a 100 grados.
6. Nieva con frecuencia en esta estación.

---

*apagar. **to switch off**

7. ¿Sabes dónde está?
8. Es tonto.
9. Se está haciendo el tonto.
10. Entiendo.

IV. Traducir (PRESENT PERFECT o pretérito):
1. Trabajó con nosotros en 1986.
2. No la he visto desde hace meses.
3. Me llamó por teléfono el martes pasado.
4. ¿Cuándo la vio usted por última vez?
5. Hace mucho tiempo que no la vemos.
6. Lo compraron hace cinco años.
7. Los conozco desde hace seis años.
8. El no los ha visto desde el lunes.
9. Está aquí desde hace cinco minutos.
10. Llegó hace cinco minutos.

V. Traducir (Los modales o defectivos):
1. Tendrás que llamar por teléfono.
2. Debí quedarme.
3. Es posible que no le guste eso.
4. ¿Puedo entrar?
5. Ella es capaz de hacerlo.
6. ¿Cuándo podrá venir? (dos traducciones según el sentido).
7. Debió irse. Tuvo que irse.
8. No puede usted quedarse después de las siete de la noche.

VI. Completar con SHOULD o WOULD, SHOULDN'T o WOULDN'T:
1. We haven't seen you for weeks! You ... come more often.
2. I ... do it if I thought it necessary.
3. ... you like to take a seat?
4. He was clearly hurt (*herido*) by your words. You ... have said that.
5. She ... have said that if she hadn't been convinced she was right.
6. I recommended that the regulation ... be altered.

VII. Transformar en voz pasiva:
1. They say he is rich.
2. He will tell to try a second time.
3. She offered Bob a tie.
4. Is someone attending to you?
5. People are always laughing at me.
6. Somebody's just told me he'd left.
7. They heard him leave.
8. I made him understand.

VIII. Completar con la preposición adecuada *cuando sea necesario:*
1. Why didn't you ask … my sister?
2. Has he answered … your questions?
3. I've got to talk … you.
4. Can I borrow this pen … you?
5. It is hard to resist … temptation.
6. He does not obey … his parents.

IX. Completar la pregunta traduciendo *"¿No es cierto?":*
1. You have met them, …?
2. They didn't promise anything, …?
3. He can speak German fluently, …?
4. She won't come, …?
5. You would like to do it, …?
6. He isn't afraid, …?
7. You don't like it, …?
8. She knows him, …?

X. Responder con *sí* o *no* **retomando el auxiliar:**
1. Would you prefer the first solution?
2. Doesn't it surprise you?
3. Did she see you?
4. Can you borrow it?
5. Will she agree?
6. Have they answered?

XI. Traducir (traducción de *mandar hacer,* o *hacer que… haga*):
1. Haz que Henry traduzca este texto.
2. Haz que envíen este paquete mañana.
3. Quieren mandarse construir una casa.

4. ¿Mandó verificar el resultado?
5. La hicieron entender.
6. Vamos a hacer que lo haga su hermano.
7. Vamos a mandárselo decir.
8. Lo había mandado entregar.

XII. Formular de manera que la expresión entre paréntesis preceda las oraciones siguientes:
1 When did he get it? (Do you remember)
2. What does it mean? (Can you guess)
3. When did they come? (Do you know)
4. Where is it? (Can you tell)
5. How will they manage? (Can you imagine)

XIII. Poner el verbo entre paréntesis en infinitivo, infinitivo sin TO o la forma en -ING.
1. They won't let her (marry) him.
2. Would you mind (answer) my questions?
3. I'd rather (leave) early.
4. Why not (do) it today?
5. This book is not worth (read).
6. They heard him (come).
7. She'd like us (wait).
8. We'll make him (work).
9. Do you enjoy (ride)?
10. You always want me (cook).
11. I was made (feel) I was useless.
12. Keep (go)!

XIV. Traducir (WHEN etc., con futuro o no)
1. No se te olvide decírselo cuando la veas.
2. Llámame por teléfono en cuanto llegue.
3. ¿Cuándo sabrán la fecha exacta de su partida?
4. No sé cuándo comenzarán.
5. Lo sabré cuando comiencen.

II. LOS ELEMENTOS DE LA ORACIÓN SIMPLE

18. El sustantivo

18.1. *Categorías*
Al igual que en español, se distinguen dos categorías de sustantivos.

18.1.1. Los sustantivos comunes que designan:
- seres vivos (humanos y animales)
  man, *hombre*, **woman**, *mujer*, **cat**, *gato*, **dog**, *perro*, etc.
- cosas:
– materiales: **car**, *auto*, **television**, *televisión*, etc.
– abstractos (que no se pueden tocar): **power**, *poder*, **friendship**, *amistad*, etc.

18.1.2. Los sustantivos propios que designan:
- apellidos: **Brown, Watson, O'Brien, Mac Millan**, etc.
- nombres de pila: **John, Mary, Peter, Kate, Michael, Dinah**, etc.
- Países o regiones: **England, Texas, Russia, Italy, Yorkshire**, etc.
- Ríos, montañas y demás nombres geográficos: **Mississippi, Everest**, etc.

18.2. *Género*
El inglés posee tres géneros que no se distinguen por los artículos (como en español *el, la, los, las*). Así que, dejando de lado las excepciones, tenemos:

18.2.1. El masculino (nombres de hombres y seres humanos masculinos), para los cuales el pronombre que se utiliza es **he**:
  man, *hombre*, **driver**, *chofer*, **father**, *padre*, **boy**, *niño*
⇨ excepciones véase 18.2.4.

18.2.2. El femenino (nombres de mujeres y seres humanos femeninos); el pronombre personal que le corresponde es **she**:
  woman, *mujer*, **actress**, *actriz*, **mother**, *madre*, **girl**, *niña*, etc.
⇨ excepciones véase 18.2.4.
❏ formación: algunos sustantivos femeninos se forman a partir de
– el masculino + **-ess**: **tiger**, **tigress**, *tigresa*, **actor**, **actress**, *actriz*.

– una palabra idéntica: **child**, *criatura*, **a Swede** (*un sueco* o *una sueca*).

– el uso de un sustantivo o pronombre: **girl-friend**, *amiga* (**boy-friend**, *amigo*), **she-goat**, *cabra*, etc.

– algunas palabras son diferentes: **nephew**, *sobrino*, **niece**, *sobrina*, **cock**, *gallo*, **hen**, *gallina*.

– de la misma forma, se encuentran sustantivos masculinizados con **male**: **a male nurse**, *un enfermero*, o con **he**: **a he-goat**, *un macho cabrío*, e incluso a **he-man**, *"un hombre de verdad"*.

18.2.3. El neutro (nombres de cosas o animales cuyo sexo o género no se precisa); en estos casos, el pronombre personal correspondiente será **it**:

> **stone**, *piedra*, **plane**, *avión*, **bottle**, *botella*, **fly**, *mosca*, **dog**, *perro*.

18.2.4. Casos particulares
- a menudo se aplica el femenino:
  - a los nombres de países **Italy**, **France**, **England**, etc.
  - a ciertos nombres de cosas (**boat**, **ship**, *barco*, **aircraft**, *avión*, **car**, *auto*)
  - a ciertos animales (cuando no se precisa su sexo): **cat**, *gato*
- a menudo se toma en cuenta el sexo de:
  - los animales domésticos
  - los animales salvajes
- a veces se usa el neutro: bebés

❏ Nota: gran cantidad de sustantivos reciben el masculino o femenino según el contexto:

> **citizen**, *ciudadano, ciudadana*
> **cousin**, *primo, prima*
> **guest**, *invitado, invitada*
> **musician**, *músico*
> **singer**, *cantante*
> **student**, *estudiante*, etc.

Para ciertos nombres, encontramos a veces una forma "feminizada" con **'lady'**: **a lady-singer**, o incluso **'female'**: **a female-doctor**.

18.3. *Plural*

El plural es la marca que lleva un sustantivo contable. Por lo tanto, en principio no se emplea con nombres que designan entidades únicas: *el sol*, **the sun**, *La Reina de Inglaterra*, **the Queen of England**, etc.

18.3.1.. Formación del plural con -s

En general, el plural de los sustantivos (y las palabras que adquieren valor de sustantivo) se forma añadiendo una -s, que se pronuncia [z] o [s]

a car, two cars [kɑ:rz]; **a book, two books**, *un libro, dos libros* [bʊks].

⇨ Pero, para ciertos grupos de sustantivos, encontraremos otras terminaciones.

18.3.2. Plural en -es:

• las palabras que terminan en el singular con **-s, -x, -z, -ch, -sh**

bus, bus**es** [bœsəz] **church**, *iglesias*, church**es** [tsʰe:rtsʰəz]

• las palabras que terminan en singular con una **-o** precedida por una consonante:

banjo, banj**oes**, **potato**, potat**oes**, **tomato**, tomat**oes**

⇨ pero **radio**, rad**ios**, **photo**, photo**s**, etc.

18.3.3. Plural en -ies, para las palabras que terminan con una -y precedida por una consonante

baby, bab**ies**, **lady**, lad**ies**, **fly**, *mosca*, fl**ies**, **city**, cit**ies**

⇨ pero **day**, *día*, day**s**, **boy**, boy**s**.

⇨ Los nombres propios y geográficos no sufren transformaciones.

Betty, the two Bettys

18.3.4. Plural en -ves para las palabras que terminan en -f o -fe

calf	*becerro*	cal**ves**	**loaf**	*hogaza*	loa**ves**
half	*mitad*	hal**ves**	**shelf**	*estante*	shel**ves**
knife	*navaja*	kni**ves**	**thief**	*ladrón*	thie**ves**
leaf	*hoja*	lea**ves**	**wife**	*esposa*	wi**ves**
life	*vida*	li**ves**	**wolf**	*lobo*	wol**ves**

⇨ pero:

belief	*creencia*	belief**s**	**proof**	*prueba*	proof**s**
chief	*jefe*	chief**s**	**safe**	*caja fuerte*	safe**s**
cliff	*acantilado*	cliff**s**	**staff**	*personal*	staff**s**.

18.3.5. Plurales irregulares (por cambio de vocales)

child	*infante*	**children**	**man**	*hombre*	**men**
die	*dado*	**dice**	**mouse**	*ratón*	**mice**
foot	*pie*	**feet**	**ox**	*buey*	**oxen**
gentleman	*caballero*	**gentlemen**	**penny***	*moneda*	**pence***

***pence** = valor; **pennies** = monedas

| goose | *ganso* | **geese** | **tooth** | *diente* | **teeth** |
| **louse** | *piojo* | **lice** | **woman** | *mujer* | **women** |

18.3.6. Palabras que siempre terminan con -s
- comestibles

grapes	*uvas*	**raisins**	*pasas*
greens	*legumbres verdes*	**vegetables**	*legumbres*
oats	*avena*	**victuals** [vɪtlz]	*víveres*
preserves	*conserva (s)*		

- conjuntos de elementos

barracks	*cuartel*	**remains**	*restos*
embers	*brasas*	**steps**	*taburete*
goods	*mercancía*	**wares**	*mercancías*
materials	*material*	**works**	*fábrica*

- elementos dobles

braces	*tirantes*	**scissors**	*tijeras*
compasses	*compás*	**spectacles**	*lentes*
glasses	*lentes*	**tongs**	*pincillas*
lungs	*pulmones*	**trousers**	*pantalón (es)*
pants	*pantalón*		

- nombres geográficos

| **Alps** | *Alpes* | **West Indies** | *Antillas* |
| **Brussels** | *Bruselas* | **Netherlands** | *Países Bajos* |

- juegos

billiards	*billar*	**diamonds**	*diamante*
cards	*barajas*	**hearts**	*corazones*
draughts	*damas*	**marbles**	*canicas*
clubs	*tréboles*	**spades**	*espadas*

- dinero

alms	*limosna*	**riches**	*riqueza*
assets	*activos* ⎫	**savings**	*ahorros*
liabilities	*pasivos* ⎬ *balance*	**stocks**	*acciones*
receipts	*ingresos* ⎭	**wages**	*salario*

- enfermedad

| **measles** | *sarampión* | **mumps** | *paperas* |

18.3.7. Sustantivos invariables a los que no se añade -s
- ciertas especies de animales

buck	*ciervo (s)*	**perch**	*perca*
deer	*gamo (s)*	**salmon**	*salmón*
duck	*pato(s)*	**sheep**	*borrego*
mackerel	*macarela*	**trout**	*trucha*

- **fish**, *pescado(s)* y **fruit**, *fruta* son a menudo invariables; con marca de plural, designan diferentes especies:
    a collection of fishes, *una colección de peces*; pero
    a shoal of fish, *un banco de peces*.
- nombres de nacionalidad terminados en **-ese**

Chinese	*chinos*	**Portuguese**	*portugueses*
Japanese	*japoneses*		

18.3.8. Nombres con significado colectivo que no se usan en plural

advice*	*consejo*	**information***	*información*
baggage	*equipaje*	**intelligence**	*información*
furniture*	*mobiliario*		*(espionaje)*
hair**	*cabello*	**luggage***	*equipaje*

18.3.9. Nombres que terminan con **-s** seguidos por un verbo en singular
- **news**, *noticias*
    No news is good news, *si no hay noticias, son buenas noticias*
- **The United States; Wales** *el país de Gales*
    The United States is a powerful country.
    Los Estados Unidos son un país poderoso.
- nombres científicos terminados en **-ics**
    mathematics, physics, etc.

18.3.10. Nombres terminados en **-s** seguidos por un singular o un plural
- **means**, *medio(s)*
- **series**, *serie(s)*
- **species**, *especie(s)*

18.3.11. Nombres en singular seguidos por un verbo en plural
- **people**, *gente* es invariable y siempre se usa con un verbo en plural.
- ⇨ pero **people** en el sentido de *pueblo* se emplea como **a people**, *un pueblo* **many peoples**, *numerosos pueblos*
- **police**

18.3.12. Plural de los nombres propios
Los nombres propios se pluralizan con una **-s**
    I have invited the Watsons. *Invité a los Watson.*

---

*Para traducir la palabra en singular, se usa **a piece of**: *un consejo*, **a piece of advice**
** ⇨ **hair**, *cabello*; pero **hairs**, *pelos*; nótese **a head of hair**, *una cabellera*.

18.3.13. Plural de las iniciales, las letras y números: con **-s**
- iniciales:

The D.Js (o **D.J's**) **are well paid in this radio station.**
Los **disk jockeys** *están muy bien pagados en esta estación de radio.*

- letras:

The three r's: reading, (w)riting, and (a)rithmetic.
        leer   *escribir*   *contar*

- números:

The 60's, (o **the 60s**) *los años 60*
to go on all fours, *andar en cuatro patas*

18.3.14. Plural de las palabras invariables (adverbios, conjunciones) y los pronombres: con **-s**
- **the ups and downs,**   *los altibajos*
- **with ifs and buts...**   *poniendo peros*

18.3.15. Plurales griegos y latinos

antenna,	**antennae,**	*antena(s)*
datum,	**data,**	*dato(s)*
phenomenon,	**phenomena,**	*fenómeno(s)*
basis [beisis],	**bases** [beisi:z],	*base(s)*
crisis [kraisis],	**crises** [kraisi:z],	*crisis*
thesis [θi:sis],	**theses** [θi:si:z],	*tesis*

18.4. *Sustantivos compuestos*
Los sustantivos ingleses pueden ser 'simples', es decir, poseer un solo elemento (cf. véase 1.8.1., 1.8.2. y 1.8.3.) o compuestos, es decir, estar formados por al menos dos elementos.

18.4.1. Principio de formación
- Por lo general, el 1er. término califica o precisa el 2o.
- Se suele traducir al español primero el 2o. término.

1   2

a dining-car

2   1

un carro-comedor

18.4.2. Naturaleza de los elementos utilizados

• En la mayor parte de los casos, el 2o. término es un sustantivo, mientras que el 1o. puede ser también sustantivo, pero también adjetivo, verbo infinitivo, gerundio (forma en **-ing**), adverbio o pronombre.

1	2	1	2	2	1
sust.	+ sust.	**bathroom**		*cuarto de baño*	
adj.	+ sust.	**redskin**		*pielroja*	
verbo	+ sust.	**breakfast**		*desayuno*	
		(literalmente *rompe ayuno*)			
forma **-ing**	+ sust	**sleeping-car**		*carro-cama*	
adverbio	+ sust	**onlooker**		*espectador*	

• Pero también podemos encontrar:
– verbo + adverbio: **go-between**   *intermediario*
– caso posesivo: **New Year's Day**   *Año nuevo*
– varias palabras: **forget-me-not**   *nomeolvides*
                        father-in-law   *suegro*
                        good-for-nothing   *bueno para nada*

• Sustantivos compuestos enmascarados

– Ciertas palabras compuestas han sufrido una contracción tal, que se olvida su origen: **daisy**, *margarita* (= **day's eye**), **gospel**, *evangelio* (= **good spell**), **good-bye**, *adiós* (=**God be with you**), **Christmas**, *Navidad* (= **Christ mass**).

– Lo mismo ocurre con los días de la semana

Monday,	*lunes*	(= **Moon's day**)
Tuesday,	*martes*	(= **Tiu's day, Tiu**, dios germánico de la guerra)
Wednesday,	*miércoles*	(= **Woden's day, Woden** u **Odin**, dios germánico)
Thursday,	*jueves*	(= **Thor's day, Thor**, dios germánico del trueno)
Friday,	*viernes*	(= **Frigg's day, Frigg**, esposa de Odin, diosa del amor)
Saturday,	*sábado*	(= **Saturn's day**, día del dios Saturno)
Sunday,	*domingo*	(= **Sun's day**, día del Sol)

18.4.3. Ortografía de los sustantivos compuestos
Pueden escribirse de tres formas diferentes:
• en una sola palabra: **roadside**, *acotamiento* (de carretera)
• separados por guiones:
   living-room, *sala*, **father-in-law**, *suegro*
• separados por un espacio: **evening paper**, *periódico ves-
pertino.*
No existen reglas fijas, sino usos.

18.4.4. Plural de los sustantivos compuestos
• Sustantivos compuestos por <u>sustantivo + sustantivo</u>: el 2o.
término (aquel que se ve modificado) es el que recibe la **-s**
del plural:
   a race-horse, *un caballo de carreras*; plural: **race-horses**
   a letter-box, *un buzón*; plural: **letter-boxes**
• Sustantivos compuestos por <u>sustantivo + adjetivo, verbo o
adverbio</u>: el sustantivo es el que lleva la **-s** del plural:
   a blackbird, *un mirlo*; plural: **blackbirds**
   a flying-saucer, *un platillo volador*; plural: **flying-saucers**
   a passer-by, *un transeúnte*; plural: **passers-by**
• Sustantivos compuestos <u>sin un sustantivo en el conjunto</u>,
el último término es el que lleva la **-s** del plural:
   a grown-up, *un adulto*; plural: **grown-ups**
• Cuando el 1er. término es un sustantivo que está siempre
pluralizado, conserva su marca:
   customs duties, *derechos de aduana*
⇨ pero **ashes**, *cenizas*;
   an ash-tray, *un cenicero*; plural: **ash-trays**

18.4.5. Empleos de los sustantivos compuestos
En inglés abundan los sustantivos compuestos; se forman
con facilidad, pero lo mejor es formarlos para expresar
los conceptos siguientes

ACTIVIDAD	**taxi driver**	*chofer de taxi*
ÉPOCA	**sixties star**	*estrella de los años 60*
ESPECIE	**race horse**	*caballo de carreras*
LUGAR	**Paris restaurant**	*restaurant parisino*
MATERIAL	**gold watch**	*reloj de oro*
MEDIDA	**six-foot boy**	*niño de un metro de alto*
PRECIO	**ten dollar bill**	*billete de diez dólares*
TIEMPO	**five years contract**	*contrato por cinco años*
USO	**tea-cup**	*taza para té*

⇨ por lo general, no se forman sustantivos compuestos con los sustantivos abstractos

18.5. *Funciones de los sustantivos*

Los sustantivos simples o compuestos pueden cumplir cinco funciones dentro de la oración.

18.5.1. *Sujeto* : el sustantivo puede ser sujeto de un verbo, que concuerda generalmente con él en número y persona.
• Colocación del sujeto: por lo general siempre *delante* del verbo y *no existe inversión posible* como en español, donde es muy común: *la manzana que Miguel se comió o la manzana que se comió Miguel*; en inglés sólo es posible **the apple that Michael ate.**
De la misma forma, en la construcción inglesa que corresponde *a hacer* + infinitivo, encontraremos **to make** (o **to have**) = sujeto + verbo infinitivo

> **I make my friends wait.**
> *Hago esperar a mis amigos.*

⇨ sin embargo, son posibles algunas inversiones verbo + sujeto:
– con **to say**

> **Said Jack: Why didn't you call us?**
> *Y dijo Jack: ¿Por qué no nos llamaste?*

– después de la construcción que hace eco a una anterior **so** ... do + sujeto (cf. libro III)

> **I like reading. So does Michael.**
> *Me gusta leer. También a Michael.*

– después de un adverbio como **here** (o **there**) al inicio de una oración (cf. 39)

> **There appeared a new problem.**
> *Entonces surgió un nuevo problema.*

• Concordancia entre sujeto y verbo. Casos particulares
– Sujeto con la marca **-s** del plural, seguido por un verbo en singular:
  • nombres de ciencias que terminan con **-ics: mathematics, physics**, etc.
  • nombres de países: **Wales,** *Gales,* **the United States,** *los Estados Unidos.*
  • nombres de libros: **The Seven Pillars of Wisdom,** *Los siete pilares de la sabiduría.*
  • diversos sustantivos: **barracks,** *cuartel,* **means,** *medios,* **news,** *noticias,* **works,** *fábrica.*

– Sujeto que siempre tiene la marca **-s** del plural seguido por un verbo en plural
- nombres que no son de ciencias y terminan en **-ics: gymnastics, politics**
- nombres geográficos: **West Indies**, *Antillas*
- diversos sustantivos: **ashes**, *cenizas*, **premises**, *instalaciones, local*

18.5.2. Complementos
Los sustantivos simples o compuestos pueden ser complementos y estar así vinculados con un verbo, siguiendo, por lo general, este orden:

I received a call from a friend at my office last week.

a. complemento directo: **I received a call** (a) *recibí una llamada telefónica*
b. complemento indirecto: **from a friend** (b) *de un amigo*
c. complemento de lugar: **at my office** (c) *en mi oficina*
d. complemento de tiempo: **last week** (d) *la semana pasada*

18.5.3. Predicativo
El sustantivo puede cumplir una función predicativa, esto es, expresar una calidad o un estado por medio de verbos como **to be**, *ser* o *estar*, **to seem**, *parecer*, **to become**, *volverse*, **to turn**, *volverse*.

She is a painter.
Ella es pintora.
He became an engineer.
Se hizo ingeniero.
He was elected President of the Republic.
Fue elegido Presidente de la República.

18.5.4. Aposición
Un sustantivo puede encontrarse en aposición, esto es, calificar a otro sustantivo sin que intervenga un verbo. En inglés, el sustantivo en aposición va precedido del artículo definido o indefinido.

His father, a jazzband leader.
Su padre, líder de un grupo de jazz.
M. So and So, Chairman* of our company, ...
El Sr. Fulano, presidente de nuestra sociedad, ...

18.5.5. *Adjetivo*
Los sustantivos, simples o compuestos, pueden cumplir

---

*Cuando el sustantivo en aposición designa a una persona (o cosa) única en su género o función, no se emplea el artículo.

una función de adjetivo y calificar a otro sustantivo; en ese caso, se colocan delante de éste

a ten-dollar ticket,
una multa de diez dólares
a fifty-dollar lamp-shade,
una pantalla de cincuenta dólares.

19. Los determinantes del sustantivo

19.1. *El artículo indefinido*
Acompaña a un nombre indeterminado de persona o cosa.

19.1.1. Forma, género, número: **a/an**
- **an** delante de ⎰consonante   **a man**, *un hombre*
                    ⎱el sonido [ʊ]   **a unit**, *una unidad*
- **an** delante de ⎰vocal   **an order**, *una orden*
                    ⎱**h** muda   **an hour**, *una hora*

⇨ **an** se emplea también delante de una consonante inicial cuando ésta se pronuncia como vocal: **an M.P.** [an empi:], *un miembro del parlamento.*
- invariable en cuanto al género
Se usa el mismo artículo (**a** o **an**) para el masculino, el femenino y el neutro.
- En el plural, no existe: *flores*, **flowers**

19.1.2. Usos de **a/an**
- delante de cualquier sustantivo concreto que no esté determinado y sea contable
    a bicycle, *una bicicleta*
- delante de un sustantivo concreto predicativo
    My mother is a nurse.
    Mi madre es enfermera.
- delante de un sustantivo concreto introducido por una preposición
    He never travels without a book.
    Nunca viaja sin un libro.
- para traducir *por* o *a* después de una cifra (uso distributivo)
    He earns $ 2,000 a month.
    Gana 2 000 dólares al mes.
    We eat three meals a day.
    Hacemos tres comidas al día.

This car is running at 150 kilometers an hour.
Este auto corre a 150 kilómetros por hora.
⇨ sin embargo, diremos: **eggs are bought by the dozen**, *los huevos se compran por docena.*

19.1.3. Colocación de **a/an:** por lo general, encabeza el grupo nominal (**a** + adjetivo calificativo + sustantivo, por ejemplo), y por ende puede ir precedido de **such, what, quite, rather**, cuando se refieren al grupo nominal completo.
• ejemplos:
Have you already seen such an interesting film?
¿Ya has visto esta película tan interesante?
What a pity!
¡Qué lástima!
She is quite a remarkable woman (o **quite remarkable a woman**)!
¡Es una mujer extraordinaria!
• en cambio, se coloca entre el adjetivo y el sustantivo cuando el grupo que forman se construye con **how, too, so, as**, adverbios que se refieren únicamente a los adjetivos fuera de su grupo nominal:
How nice a river! *¡Qué río tan hermoso!*
It 's too expensive a car. *Es un auto demasiado caro.*
• entre **half**, *medio* y el sustantivo
half an hour, *media hora*
⇨ pero encontraremos: **a half-hour** (EU), **a half-brother**, *un medio hermano.*

19.1.4. Algunas expresiones
• El artículo indefinido del inglés corresponde a veces a un artículo definido o a la ausencia de artículo en español.

to make a fire	*encender fuego*
to make a fortune	*hacer fortuna*
to make a noise	*hacer ruido*
to give a light	*dar fuego*
to have an appetite	*tener hambre*
to have an idea that...	*tener una idea de que ...*
a Mr. Smith	*un tal Sr. Smith*
a good deal of...	*gran cantidad de ...*
one thing at a time	*una cosa a la vez*
as a rule	*por regla general*
to take a fancy to	*encapricharse con*

to have a right to   *tener derecho a*

19.1.5. El artículo indefinido no se emplea:
• delante de los sustantivos con sentido colectivo:

advice	*consejo*
furniture	*mobiliario*
luggage	*equipaje*
news	*noticias*

• delante de los sustantivos abstractos, salvo cuando significa **a certain kind of**, con valor cualitativo:

She has a strong will, *tiene gran fuerza de voluntad*.
He has a flair for it, *tiene instinto para eso*.

• delante de algo indivisible:

They had a splendid weather. *Les tocó un tiempo estupendo*.

19.2. *El artículo definido*

19.2.1. Forma, género y número
El artículo definido en inglés es invariable en cuanto al género y número.
⇨ al español *él, la, los*, les corresponde una sola forma **the:**

the doctor	*el doctor*
the moon	*la luna*
the cars	*los autos*

19.2.2. Pronunciación

The se pronuncia $\begin{cases} [də] \text{ delante de consonante} & \textbf{the baby} \\ & \text{vocal} \quad \textbf{the elephant} \\ [ði:] \text{ delante de} \\ & \textbf{h} \text{ muda} \quad \textbf{the hour} \end{cases}$

19.2.3. Empleo
El artículo **the** en inglés sirve para designar y determinar un ser o un objeto vistos en lo particular.
Se empleará entonces **the**:
• delante de sustantivos concretos o abstractos, singulares o plurales, definidos por un complemento de sustantivo, una oración relativa o que pueden relacionarse con algo conocido y preciso.

Can you tell me the time?
¿Me puede dar la hora?

Did you read the newspapers this morning?
¿Leíste los periódicos esta mañana?

(⇨ compárese con: **Do you read newspapers?**, *¿Lees periódicos?*)

They like the books we offered them.
Les gustan los libros que les regalamos.

(⇨ compárese con: **They like books.** *Les gustan los libros.*)

Look! It's the man in black I mentioned to you.
Mira, es el hombre de negro del que te hablé.

• delante de sustantivos que designan cosas únicas en principio

the air	*el aire*	the sky	*el cielo*
the atmosphere	*la atmósfera*	the sea	*el mar*
the earth	*la tierra*	the sun	*el sol*
the moon	*la luna*	the universe	*el universo*

• delante de un adjetivo sustantivado (cf. 24)

the poor	*los pobres*
the good	*el bien, el bueno*

• los nombres de colectividades e instituciones

the army	*el ejército*
the armed forces	*las fuerzas armadas*
the Commons	*la Cámara de los Comunes*
the civil service	*la administración pública*
the crowd	*la muchedumbre*
the elite	*la élite*
the government	*el gobierno*
the Labour Party	*el partido laborista*
the masses	*las masas*
the Parliament	*el Parlamento*
the police	*la policía*
the Republican party	*el partido republicano*

⇨ de igual manera **the English**, *los ingleses*, **the Germans**, *los alemanes*, etc., considerados como un todo.

• ciertos nombres de lugares
  – de ríos, mares y montañas

the Thames	*el Támesis*	the Channel	*el canal de la Mancha*
the Pacific	*el Pacífico*	the Alps	*los Alpes*

  – de bancos, barcos, cines, hoteles y trenes

the Barclay's bank	the Waldorf Astoria (hotel en NY)
the Queen Elizabeth	the Amtrak (compañía de ferrocarriles en US)
the Odeon	

• los nombres de organizaciones, de tratados
the Common Market   *el Mercado Común*
the Treaty of Rome   *el Tratado de Roma*
the U.N. (United Nations)   *las Naciones Unidas*

19.2.4. No se emplea el artículo **the** delante de:
• los sustantivos plurales considerados en su sentido general

Japanese cars are supposed to be reliable.
Se supone que los autos japoneses son confiables.

(⇨ pero: **The Japanese car I bought broke down immediately.**

El auto japonés que compré se descompuso de inmediato.)

• los sustantivos* abstractos, de arte, color, materia, comida, ciencias, deportes, tomados en sentido general

beauty	*la belleza*	**truth**	*la verdad*
blue	*el azul*	**green**	*el verde*
gold	*el oro*	**iron**	*el hierro*
breakfast	*el desayuno*	**dinner**	*la cena*
chemistry	*química*	**physics**	*física*
rugby	*rugby*	**tennis**	*tenis*

• los nombres que designan los países y sus idiomas
France, *Francia*   **French**, *el francés* (el idioma)
England, *Inglaterra*   **English**, *el inglés* (el idioma)

(⇨ pero **the United States**, *los Estados Unidos*)

• los nombres de enfermedades
appendicitis, *apendicitis*
measles, *sarampión*

• los nombres de los días de la semana
She doesn't work on Wednesday.
No trabaja el miércoles.

Nota: los días de la semana (cf. 18.4.2), así como **week**, *semana*, **month**, *mes*, **year**, *año*, etc., van precedidos de **next** (con sentido de futuro), **last** sin artículo definido

next week, *la semana próxima*
last month, *el mes pasado*

(⇨ pero **the next month**, *el mes próximo*)

• los títulos seguidos por un nombre propio
President Clinton, *el Presidente Clinton*

(⇨ pero **the President of the United States**)

---

* **The** vuelve a aparecer cada vez que estos sustantivos están determinados por un complemento:

The rugby played by the team was ..., *El rugby que jugó este equipo fue ...*

Queen Elizabeth, *la Reina Isabel*

(⇨ pero **the Queen of England**)

Uncle Sam, *el tío Sam*

Doctor Watson, *el doctor Watson*

• ciertas expresiones

at night, *de noche*

(⇨ pero **in the dead of night**, *noche cerrada*)

to cast anchor, *echar anclas*

hand in hand, *tomados de la mano*

to have time to, *tener tiempo de*

to lay stress on, *poner énfasis en*

on tip-toe, *de puntas*

to play + (juego) **billiards, cards, tennis**, etc.

jugar billar, baraja, tenis, etc.

(⇨ pero **to play** (+ instrumento) **the piano, the violin, etc.**, *tocar el piano, el violín, etc.*)

• Recordatorio: No se usa **the** en el caso posesivo y con **whose**
  – delante de lo que se posee (cf. 26.4)
  el auto de Michael, **Michael's car**
  – después de **whose**
  Kate, cuyas preocupaciones no dejaban de aumentar...
  Kate, whose worries kept increasing...

19.2.5. Cuadro de los casos más importantes (con o sin artículo) y su valor respectivo

<table>
<tr><td rowspan="4">S I N G U L A R</td><td>sin art. + sust.</td><td>1) <u>término de masa</u> ("no contable"):
I like beer. *Me gusta la cerveza.*
It is wine. *Es vino.*</td></tr>
<tr><td></td><td>2) <u>Término abstracto</u> ("no contable"):
This is courage. *Esto es valentía.*
I love music. *Me encanta la música.*</td></tr>
<tr><td>**A/AN** + sust.</td><td>1) <u>valor cuantitativo</u> (= **one**) con sustantivo contable:
There is a dog in the garden.
Hay un perro en el jardín.</td></tr>
<tr><td></td><td>2) <u>valor cualitativo</u> (= **a certain kind of**) con sustantivo no contable:
You must have a flair for it.
Debes tener cierto instinto para esto.</td></tr>
</table>

S I N G U L A R		3) <u>valor genérico</u> (designa el total de la categoría, de la especie o el género), con un sustantivo contable*: **A dog is a faithful animal.** *El perro es un animal fiel.*
	The + sust.	1) <u>valor específico</u>** (sust. contable o no) designa un elemento identificado y preciso: **The dog barked.** *El perro ladró.* **It is the beer I prefer.** *Es la cerveza que yo prefiero.* 2) <u>valor genérico</u> (sust. contable): **The whale is an endangered species.** *La ballena es una especie en peligro.*
P L U R A L	sin art. + sust.	1) <u>valor cuantitativo</u> (plural indeterminado): **There are dogs in the garden.** *Hay perros en el jardín.* 2) <u>valor genérico</u> (designación de género, de especie, etc.): **Dogs are faithful animals.** *Los perros son animales fieles.*
	The + sust.	1) <u>valor específico</u> (designa un grupo, un conjunto preciso, conocido y bien identificado): **I'm going to take the dogs out.** *Voy a sacar a los perros* (= **nuestros** perros, por ejemplo).

*Excepción: no se usa artículo indefinido ante **man** (en el sentido de ser humano):

Man is not a faithful animal. *El hombre no es un animal fiel.*

** El sustantivo se identifica precisamente por el contexto: **there was a dog in the garden**, *había un perro en el jardín;* **I had not seen the dog when I opened the door**, *no había visto al perro cuando abrí la puerta.* O bien, es definido por naturaleza: **the sun rises at 6**, *el sol sale a las 6.*

19.3. *Adjetivos demostrativos*

Los adjetivos demostrativos sirven para designar un ser vivo o una cosa que se muestra, al tiempo que se precisa su proximidad en el espacio o el tiempo.

19.3.1. Formas

Al igual que los demás determinantes ingleses, su forma es más sencilla* que en español: son invariables en cuanto al género, pero poseen un plural.

	singular		plural
this	*este, esta*	**these**	*estos, estas*
that	*ese, esa*	**those**	*esos, esas*

19.3.2. Uso

• **this**, **these**: aquello que se encuentra cercano (en espacio o tiempo) del hablante

  This year, business is difficult.
  Este año, los negocios son difíciles.
  This man is dangerous.
  Este hombre es peligroso.
  These cars are too expensive.
  Estos autos son demasiado caros.

• **that**, **those**: lo que se encuentra lejano (del hablante)

  Do you remember the day when...
  Recuerdas ese día en que ...
  Can you see that figure, over there?
  ¿Ves esa silueta, allí?
  In those days, it was easier to find a job.
  En esa época, era más fácil encontrar trabajo.

19.3.3. Matices particulares

• **that**, **those**, más a menudo que **this**, **these**, tiene un matiz afectivo:

  Those poor children! *¡Esos pobres niños!*

• este matiz afectivo puede llegar hasta el desprecio o cierta distancia:

  That car of yours, *ese auto tuyo ...*

19.4. *Adjetivos posesivos*

El adjetivo posesivo indica ante todo una ***relación de posesión*** entre un poseedor y lo poseído (***mi auto, tu pluma,***

---

*En efecto, las *cuatro* formas **this, that, these, those** corresponden a *dieciséis* formas en español: *ocho* para el adjetivo demostrativo (cf. 3.1) y *ocho* para el pronombre demostrativo (cf. 25.4).

etc.), pero también varios tipos diferentes de relaciones con el sustantivo al cual se aplica (*querida mía*, afecto), *tu Sr. Tal* (irónico).

19.4.1. Formas

• Al igual que en el caso de otros determinantes ingleses que ya hemos visto, sus formas son más sencillas* y menos numerosas que en español. Son invariables:
– en género, excepto para la 3a. persona del singular.
– en número, pues poseen formas propias para el singular y el plural.

singular		plural	
my	*mi, mis*	**our**	*nuestro, nuestra nuestros, nuestras*
your*	*tu, tus*	**your**	*su, sus* (*vuestro, vuestra, vuestros, vuestras*)
his (masc.) **her** (fem.) **its** (neutro)	*su, sus*	**their**	*su, sus*
*existe una forma antigua (Biblia, Shakespeare): **thy**			

19.4.2. Concordancia

De hecho, los posesivos ingleses son falsos adjetivos. Se trata de antiguas formas de pronombres personales, equivalentes al complemento genitivo:

His book = the book of him
Their books = the books of them

Pueden compararse con los "casos posesivos" del pronombre personal (cf. 26.4). Por ello en inglés concuerdan con el "poseedor" y no, como en español, con lo "poseído":

Michael is driving to Boston with his car, his wife, his kids and his dog.
Michael va a Boston en su auto, con su mujer, sus hijos y su perro.
Could you tell me the phone number of your doctor?
¿Podrías darme el número de teléfono de tu médico?

• En la tercera persona del singular, existe concordancia de género.

a car: its motor...   *un auto, su motor*

---

*8 formas del inglés (**my, your, his, her, its, our, your, their**) equivalen a 16 formas en español.

a boy: his parents...	un niño, sus padres
a girl: her parents...	una niña, sus padres

19.4.3. Own: La partícula **own*** refuerza el adjetivo posesivo y sólo puede emplearse con éste. Se usa para:
– reforzar la idea de propiedad
This is my own house.
Esta es mi propia casa.
– para insistir en que el sujeto mismo realiza algo
Michael cooks his own meals.
Michael cocina su propia comida.
– reforzar la idea de propiedad
He doesn't want to know about your problems, because he has enough with his own.
No quiere saber nada de tus problemas porque le basta con los suyos.

---

20. Los cuantificadores

20.1. Little, **few**, *poco*, *pocos*
- **little** + singular
  She showed little enthusiasm.
  Mostró poco entusiasmo.
  He had little money, *tenía poco dinero.*
  ⇨ atención: **a little**, *un poco*
  He has a little money, *tiene un poco de dinero.*
- **Few** + plural
  She has few friends, *tiene pocos amigos.*
  She has visited few countries. *Ha visitado pocos países.*
  ⇨ atención: **a few**, *algunos*
  She has a few friends, *tiene algunos amigos.*
- *muy poco*, **very little**, *muy pocos*, **very few**; *demasiado poco*, **too little**, *demasiado pocos*, **too few**; *tan poco*, **so little**, *tan pocos*, **so few**; *tan poco como*, **as little**, *tan pocos como*, **as few**

Nota: **little** y **few** se consideran términos negativos (= cerca de cero), en cambio **a little** y **a few** son positivos.

---

*Se trata de un antiguo participio pasado que significa *lo poseído*. Cf. **to own**, *poseer.*

20.2. Less, (the) least, fewer, (the) fewest

• **Less**, menos es el comparativo de **little**:
He has less patience.
Tiene menos paciencia.

¡Atención! **Little** tiene otro comparativo **lesser** = *menor,* con valor cualitativo:
To a lesser degree.
En menor grado.
People of lesser importance.
Gente de menor importancia.

• **(The) least** es el superlativo de **little**:
She didn't pay the least attention.
No prestó la menor atención.

• **Fewer** es el comparativo de **few**:
There are fewer people than yesterday
(pero es posible oír **less people**).
Hay menos gente que ayer.

• **(The) fewest** es el superlativo de **few**:
It was on Saturday that there were the fewest people.
El sábado fue cuando hubo menos gente.

20.3. Much, many, *mucho, muchos*

• **much** + singular, a menudo se sustituye en las oraciones afirmativas por **a good deal of, a lot of, plenty of.**
He has a lot of work, *tiene mucho de trabajo.*
He hasn't much work, *no tiene mucho trabajo.*

• **many** + plural, también se sustituye muchas veces en las oraciones afirmativas por **a good deal of, a lot of, plenty of**
They have plenty of friends, *tienen muchos amigos.*
They haven't many friends, *no tienen muchos amigos.*

• **too much, too many,** *demasiado, demasiados* + sustantivo
He has too much work, *tiene demasiado trabajo.*
She has too many worries, *tiene demasiadas preocupaciones.*

• **so much, so many,** *tanto, tantos* + sustantivo
She has so much energy!
¡Tiene tanta energía!
They have so many things to do.
Tienen tantas cosas que hacer.

• **as much, as many,** *tanto, tantos* como + sustantivo

You can drink as much whisky as you want.
Puedes tomar tanto whisky como quieras.

• **¿how much + singular?, ¿how many + plural?, ¿cuánto? ¿cuántos?**

How much is this watch? *¿Cuánto cuesta este reloj?*
How many countries have you visited?
¿Cuántos países has recorrido?

20.4. More, most, the most

20.4.1. More, *más*
more wine, *más vino.*
more visitors, *más visitantes.*

20.4.2. Most, most of, *la mayoría, la mayor parte*
most people think... *la mayoría de la gente piensa que...*
most of her friends... *la mayoría de sus amigas...*

20.4.3. Much, many, more y **most,** al igual que **too much/many, so much/many** y **how much/many** se construyen directamente con los sustantivos a los que califican cuando éstos no están determinados por un artículo definido, o por un adjetivo posesivo o demostrativo (cf. 20.3 y 20.4).

Pero cuando los sustantivos están determinados por un artículo definido, o por un adjetivo posesivo o demostrativo, es necesario emplear **much of, many of, more of, most of** y, cuando es pertinente, **too much/many of, so much/many of** y **how much/many of:**
Much of my time is spent doing uninteresting things.
Me paso gran parte del tiempo haciendo cosas sin interés.
He wastes too much of his time doing it.
Pierde demasiado tiempo haciendo esto.
(So) many of my friends...
Tantos de mis amigos... etc.

Esto explica por qué **much of, many of, more of, most of,** y, cuando son pertinentes, **too much/many of, so much/many of** y **how much/many of** se emplean con los pronombres, que sustituyen a los sustantivos determinados:
(Too) much of it, *una parte demasiado grande de ello.*
Many of these, *muchos de estos...*
How many of these...? *¿Cuántos de estos...?*

More of them, *más de ellos*.
Most of yours, *la mayor parte de los tuyos*, etc.

20.4.4. Most of which y **most of whom** designan la mayor parte de un conjunto ya mencionado:
    He sent me a letter, most of which was incomprehensible.
    Me envió una carta, la mayor parte de la cual era incomprensible.
    Many prisoners escaped, most of whom were hardened criminals.
    Escaparon muchos prisioneros, la mayor parte de los cuales eran criminales empedernidos.

20.5. Enough, *bastante, bastantes*
• como adjetivo, **enough** se coloca antes o después del sustantivo
    We have enough time
    We have time enough } *tenemos bastante tiempo*
⇨ atención, el adverbio **enough** se coloca siempre después del término al que modifica:
    Is your bath warm enough?
    ¿El agua de tu baño está lo bastante caliente?

20.6. Several, *varios*
    Several persons complained.
    Varias personas se quejaron.
⇨ **several** puede significar *respectivo*, **severally**, *respectivamente*.

20.7. All, *todo (a)*, *entero (a)*
• **all** como adjetivo indica una totalidad, un sentido general
    All England will watch this match.
    Toda Inglaterra verá este partido.
• **all** cuando precede a un determinante (artículo, posesivo, demostrativo) indica una totalidad divisible
    all the persons, *todas las personas*
    all my friends, *todos mis amigos*
• expresiones que contienen **all**
    all along = **all the time**, *siempre, todo el tiempo*
    at all, *para nada*

all one = **all the same**, *igual*
after all, *después de todo*
all right, *muy bien*
for all that, *a pesar de todo*
all day, *todo el día*

20.8. Whole, *todo(a)*, *entero(a)*

20.8.1. • Originalmente, **whole** no era un cuantificador, como lo demuestra su uso como sustantivo:
The whole and the parts, *el todo y las partes.*
In its whole, *en su totalidad.*
On the whole, *en general.*
Empleado como adjetivo, **whole** tiene ante todo el sentido de *entero, completo, integral.*

20.8.2. • colocado después del artículo, describe una totalidad indivisible, un todo completo:
The whole factory was on strike.
La fábrica entera estaba en huelga.
the whole truth, *toda la verdad.*
whole en este caso puede sustituirse por **all**, y encontraremos:
all the factory, all the truth.

20.8.3. • con un sustantivo plural, **whole** no va precedido por el artículo definido y no puede sustituirse por **all**.
It snowed during ten whole days.
Nevó durante diez días completos.

20.9. Both, either, neither

20.9.1. • **Both** va seguido por el plural y designa los dos elementos de un conjunto de dos:
You can park on both sides.
Puedes estacionarte en ambos lados.
• **Either** va seguido por el singular y designa uno u otro de los elementos de un conjunto de dos:
You can choose either project.
Puedes elegir cualquiera de los dos proyectos.
• **Neither** es la negación de **both** y de **either**: *ni uno ni otro de los dos:*
Neither party wants to apologize.
Ninguna de las dos partes quiere disculparse.

Nótese que **neither** va seguido del singular.

20.9.2. Otras construcciones con **both**:
Both, igual que **all**, se refiere a la totalidad del conjunto, y puede ir seguido por un determinante (artículo, demostrativo o posesivo):

Both her parents speak French.
Sus padres hablan francés.
I'll take both this book and the one next to it.
Me llevo este libro y el que está junto.

También puede ser un predicativo colocado después de un pronombre personal:

I want them both, *quiero los dos.*

21. Los adjetivos indefinidos

21.1. No, not any, *ningún, ninguna*
• **no** como adjetivo precede al sustantivo sujeto y corresponde a *cada uno(a), ningún(a)*

No man is better qualified than Michael.
Ningún hombre está mejor calificado que Michael.
• **no** como adjetivo precede al sustantivo complemento: **not any**, corresponde a *nada de, ningún*

There was no hope (o **not any hope**).
No había ninguna esperanza.
⇨ derivados: **nothing**, *nada,* **nobody**, **no one**, *nadie,* **nowhere**, *ninguna parte*

21.2. One (ver *adjetivo numeral*) como *adjetivo significa:*
• *uno, una:*

One person in fifty, *una persona en cincuenta*
• *un(a) solo(a):*

The one problem we have,
El único problema que tenemos,
A one way street, *una calle de un solo sentido*
• *un tal:*

One Mr. Smith. *Un tal Sr. Smith.*

21.3. Some, *algún, algunos, cierto, ciertos, unos, unas, cualquier*

- **some** expresa una cantidad o duración indeterminada

> **I bought some apples**, *compré unas manzanas*
> **Some people think**... *algunas personas creen que...*

- **some** puede significar cualquier

> **on some pretence**, *con cualquier pretexto*

- **some** se emplea en un ofrecimiento formal, cuando se espera una respuesta positiva

> **Do you want some tea?** *¿Quiere usted una taza de té?*

⇨ derivados: **something**, *algo*; **somebody**, **someone**, *alguien*; **somewhere**, *algún lugar*

- Existe un empleo familiar de **some** como adjetivo calificativo, ya sea peyorativo o admirativo (sobre todo en EU):

> **Some woman!** *¡Vaya una mujer!*
> **That was some meal we had last night!**
> *¡Vaya una comilona la de anoche!*

21.4. Any, *cualquier(a)*

- en una oración afirmativa, significa: *cualquier(a)*

> **She may arrive at any moment**
> *Puede llegar en cualquier momento*
> **Any of these persons will give you the information**
> *Cualquiera de estas personas le dará la información*
> **I wonder whether it will be of any use**
> *Me pregunto si servirá de algo.*

- en una oración interrogativa: *algo de*

> **Can we have any coffee?**
> *¿Podemos tomar algo de café?*

⇨ derivados: **anything**, *cualquier cosa, todo*; **anybody**, **anyone**, *alguien, cualquier persona*; **anywhere**, *en cualquier lugar.*

21.5. Every: *cada, todo(a), todos(as), los*

- **every** como adjetivo precede a un sustantivo singular; **every** significa *cada* considerado como un todo.

> **Every detail is important**, *cada detalle es importante*
> **every day**, *todos los días*
> **We have every reason to believe...**
> *Tenemos buenas razones para creer...*
> **For every reason**, *por toda clase de razones*

- **every** puede expresar una repetición regular (cf. 28.4.2)

every other day, *cada tercer día*

La construcción puede funcionar con sustantivos en plural
every two days, *cada dos días*

En este caso, el plural se considera como una unidad de medida.

21.6. Each, *cada*

• **each**, como adjetivo siempre debe ir acompañado por un sustantivo en singular y significa *cada* uno tomado por separado.

Each employee received a rise.
Todos los empleados recibieron un aumento.
Each of his children is well educated.
Todos sus hijos están bien educados.

21.7. Such, *tal*

• **such** + **a** + sustantivo concreto singular
Such a book, *un libro tal*
Such and such a place, *en tal o cual lugar*

• **such** + sustantivo abstracto singular o sustantivos en plural
Such difficulty, *¡una dificultad tal!*
Such cities, *ciudades tales*

21.8. Same, *mismo(s)*, *misma(s)*, *el mismo, la misma, los mismos, las mismas* (para expresar la semejanza, la identidad)

He repeats always the same jokes.
Repite siempre los mismos chistes.

21.9. Other, *otro(s)*, *otra(s)*

• se emplea con un sustantivo en singular o plural
The other man is still waiting.
El otro hombre sigue esperando.
Have you any other question?
¿Tienen otras preguntas?

21.10. Another, *otro, otra*

• siempre es singular
Tomorrow is another day, *mañana será otro día.*

Another puede asociarse con un grupo adjetivo numeral + sustantivo plural para designar una unidad que se toma como singular:

> **Can you lend me another $ 100?**
> *¿Puedes prestarme otros cien dólares?* (= otro total de cien dólares)
> **We've got to wait (for) another six weeks.**
> *Tenemos que esperar otras seis semanas* (= una duración de seis semanas).

---

22. Los adjetivos calificativos

Reglas generales

• en inglés el adjetivo es invariable
– en género: no cambia de forma para el masculino y el femenino
– en número: nunca lleva la marca del plural

22.1. *Colocación del adjetivo*: va siempre delante del sustantivo al que califica:

> **A clever man**, *un hombre inteligente*
> **A fast car**, *un coche rápido*

• con los adjetivos numerales cardinales, con **last**, *último*, **next**, *siguiente*, **other**, *otro*, **past**, *último*.

> **The last five years**... *los últimos cinco años.*

22.2. *Excepciones*: el adjetivo puede colocarse después del sustantivo:

• cuando es predicativo, introducido por un verbo

> **They found the man dead**, *encontraron muerto al hombre.*
> **This car is fast**, *este auto es rápido.*

• cuando el adjetivo va seguido por un complemento

> **A man red with anger**, *un hombre rojo de ira.*

• cuando el adjetivo se combina con una cifra, una medida

> **Ten feet long**, *de un metro de largo*
> **Five feet high**, *de metro y medio de alto*
> **Twelve years old**, *de doce años de edad*

• en este tipo de oraciones
The court martial, *el consejo de guerra*
The President elect, *el Presidente electo*
The Postmaster General, *el Ministro de comunicaciones*
A knight errant, *un caballero errante*

* en español esta forma es la más usual (nombre → adjetivo)

• con adjetivos formados con el prefijo **a**

alive, *vivo(a)*	**ashamed**, *avergonzado(a)*
alone, *solo(a)*	**asleep**, *dormido(a)*
afraid, *asustado(a)*	

• con los compuestos de **some** (**something**, etc.), **no** (**nothing**, etc.), **any** (**anything**, etc.), **every** (**everything**, etc.)
I ate something excellent.
Comí algo excelente.

• Cuando el adjetivo tiene el papel de posposición
to paint a door green   *pintar una puerta de verde*
to fling a door open   *abrir una puerta bruscamente*
to slam a door shut   *dar un portazo*

22.3. *Formación de los adjetivos simples*

• con prefijos:
– **im**(**impossible**, **impatient**, **immaterial**, etc.)
– **in**(**incapable**, **innocent**, etc.)

• con sufijos
– **ful**(**careful**, *cuidadoso*, **powerful**, *poderoso*)
– **less**(**careless**, *descuidado*, **powerless**, *impotente*)
– **y** (**snowy**, *de nieve, con nieve*)
– **ish**(**childish**)
– **ern**(**northern**)

22.4. *Formación de los adjetivos compuestos*

• Como en el caso de los sustantivos compuestos, el 1o. es el que determina al 2o. (cf. 27.4).

adjetivo sustantivo } + adjetivo	**dark-blue** **snow-white**	*azul marino* *blanco como la nieve*
adjetivo adverbio } + part. pasado sustantivo	**red-stained** **well-fed** **home-made**	*manchado de rojo* *bien alimentado* *hecho en casa*

adjetivo numeral + sust. + **-ed** sustantivo	**bare-headed** **three-cornered** **shame-faced**	*sin sombrero* *de tres esquinas* *avergonzada*
adjetivo adverbio + part. presente sustantivo	**good-looking** **hard-working** **heart-breaking**	*bien parecido* *trabajador* *patético*

- otras formaciones:
  A do-as-you-please regime
  Régimen donde cada quien hace lo que quiere
  A do-it-yourself kit
  Equipo para montarlo uno mismo
- Adjetivos de nacionalidad: siempre conservan la mayúscula.
(Ver capítulo 24)

22.5. *La comparación*
Existe comparación cuando se establecen relaciones de igualdad o desigualdad, de superioridad o inferioridad, o de diferencia entre los elementos.

22.5.1. Comparativo de igualdad/desigualdad

- *tan ... como*, **as ... as**
  Betty is as pretty as her sister.
  Betty es tan bonita como su hermana.
  She is as pretty as I
  (ella es tan bonita como yo)
- *no tan ... como*, **not as ... as, not so ... as**
  Paul is not as rich as Fred.
  Paul no es tan rico como Fred.

22.5.2. Comparativo de superioridad: su construcción dependerá del número de sílabas del adjetivo
– se añade **-er** a la raíz de un adjetivo corto
– se precede con **more** un adjetivo largo

adj. corto + **-er**	**closer**	*más cercano*
more + adj. largo	**more intelligent**	*más inteligente*

• Se considera corto un adjetivo de una sílaba

tall, *alto* → **taller**, *más alto*

⇨ se duplica la consonante final cuando va precedida por una vocal

big → **bigger**, *más gordo*

thin → **thinner**, *más delgado*

• Se considera largo un adjetivo de dos, tres o más sílabas

curious → **more curious**, *más curioso*

difficult → **more difficult**, *más difícil*

⇨ sin embargo, se emplea **-er** con los bisílabos que terminan con **-l**, como **able**, **noble**, **simple**.

• Se pueden considerar como largos o cortos los adjetivos de dos sílabas que terminan con **-y**, **-w**, **-er**, **-some**.

lazy	**lazier**		**lazy**		*más perezoso*
narrow	**narrower**	o **more**	**narrow**		*más estrecho*
clever	**cleverer**		**clever**		*más inteligente*
handsome	**handsomer**		**handsome**		*más guapo*

• El caso de los adjetivos compuestos
– cuando el primero es largo, se emplea **more**

curious-looking → **more curious-looking**

– cuando el primero es corto, se emplea **-er** o **more**

hard-working → **harder-working** *más trabajador*

old-fashioned → **more old-fashioned** *más anticuado*

Cuando un adjetivo corto es predicativo, se puede formar su comparativo con **more**. Compárense los siguientes ejemplos:

On closer examination, *mirándolo de más cerca*.

y: **We've never been more close to a proper solution.**
Nunca hemos estado más cerca de una solución apropiada.

• El caso de los participios: siempre se forma con **more**.

more tired, *más cansado*.

22.5.3. Superlativo: marca la superioridad o inferioridad en relación con un conjunto.

• superioridad

Igual que para el comparativo, su construcción depende del número de sílabas (cf. arriba)

– se añade **-est** a la raíz del adjetivo corto, precediéndolo con **the**

– se coloca **most** delante de un adjetivo largo, que también sigue a **the**

the + adj. corto + **-est**	**the strongest**	*el más fuerte*
the most + adj. largo	**the most intelligent**	*el más inteligente*

• misma regla que en 22.5.2.
• El complemento del superlativo se introduce general-mente por medio de **of**

> **The most intelligent of those players was...**
> *El más inteligente de los jugadores era ...*

pero se usa **in** cuando se trata de un complemento de lugar

> **The most intelligent man in the world**
> *El hombre más inteligente del mundo*

• inferioridad: **the least**, *el menos* + adj. corto o largo

> **This is the least interesting film I have ever seen.**
> *Es la película menos interesante que he visto.*

22.5.4. Comparativos y superlativos irregulares

adjetivo	comparativo	superlativo
bad, *malo*	**worse**, *peor*	**the worst**, *el peor*
good, *bueno* **well**, *bien*	**better**, { *mejor* *mejor*	**the best**, { *el mejor* *lo mejor*
far, *lejos*	**farther**, *más lejos* **further**, *más allá*	**the farthest**, *el más lejano* **the furthest**, *lo más lejos*
late, *tarde*	**later**, *más tarde* **latter**, *más reciente*	**the latest**, *el más reciente* **the last**, *el último*
near, *cercano*	**nearer**, *más cercano*	**the nearest**, *el más cercano* **the next**, *el siguiente*
old, *viejo*	**older**, *más viejo* **elder**, *de más edad*	**the oldest**, *el más viejo* **the eldest**, *el primogénito*

• **further** significa también *adicional, complementario, suplementario*

They want further information.

Quieren información complementaria.

• **elder**

My elder brother is older than Michael.

Mi hermano mayor tiene más años que Michael.

22.5.5. *Más* y sus compuestos

• *el más... de dos*: se emplea el comparativo y no el superlativo cuando no hay más que dos términos

Here are Michael and Jack, *he aquí Michael y Jacques*

Michael is taller, *Michael es más alto*

igualmente *el primero... el último* (en nombrarse), **the former... the latter**

The former is French, the latter is Spanish.

El primero es francés y el segundo español.

• cada vez más; cada vez menos: se repite el comparativo

He drives faster and faster.

Maneja cada vez más rápido.

They are more and more careful.

Son cada vez más cuidadosos.

She is less and less careful.

Es cada vez menos cuidadosa.

• *cuanto más...más, cuanto menos... menos*: se usan los dos comparativos con **the**

The warmer the water, the more pleasant it was.

Cuanto más caliente estaba el agua, más agradable resultaba.

The less he worked, the less his results improved.

Cuanto menos trabajaba, menos mejoraban sus resultados.

• *todavía más... ; todavía menos...* (cf. 51.2)

{ **the more ... as; the less ... as**
{ **all the more...**

I was (all) the more surprised as I hadn't been warned.

Me sorprendió todavía más, ya que no se me había avisado.

22.5.6. Comparativos y superlativos de los adverbios

• misma forma de construcción que para los adjetivos

| **early** | → | **earlier** |
| *temprano* | → | *más temprano* |

seldom	→	**more seldom**
rara vez	→	*muy rara vez*

22.5.7. Comparativos y superlativos irregulares

little	*poco*	**less**	*menos*	**the least**	*el menor*
much **many**	*mucho*	**more**	*más*	**the most**	*el más*

22.5.8. Empleo adverbial de **more** y **the most**: cf. 32.7.

22.5.9. Superlativo relativo y superlativo absoluto:
El superlativo puede comprenderse en relación con un conjunto:

> **Walkearly is the fastest marathon-runner of his time.**
> *Walkearly es el maratonista más rápido de su época.*

En ese caso, se construye con el artículo **the.**
El superlativo absoluto expresa un grado superior del adjetivo:

> **He is most intelligent.** *Es sumamente inteligente.*

En ese caso, se construye sin artículo.

---

23. Los adverbios del adjetivo

Recordatorio: el adverbio se coloca por lo general delante del adjetivo al cual califica; **enough** es la excepción más común (**fair enough**, *no está mal, bastante bien*, etc.).

23.1. *Los adverbios de grado del adjetivo:* **very** y sus sinónimos

23.1.1. He aquí una lista no exhaustiva de sinónimos de **very**, *muy*, presentados en orden decreciente:
• • • intensidad fuerte:
all, *totalmente*:
all alone, *totalmente solo(a)*
absolutely, *absolutamente*:
absolutely automatic, *absolutamente automático*
awfully, dreadfully, frightfully,
tremendamente, terriblemente, atrozmente:

awfully sorry, *estoy tremendamente apenado*
dreadfully drunk, *terriblemente borracho*
completely, *completamente*:
completely crazy, *completamente loco*
fully, *completamente, enteramente, plenamente, totalmente*:
fully aware, *totalmente consciente*
dead (fam.), *de lo más*:
dead easy, *de lo más fácil*
deeply, *profundamente, verdaderamente*:
deeply grateful, *profundamente agradecido*
highly, *grandemente, fuertemente, altamente*:
highly reliable, *altamente confiable*
greatly, *enormemente, ampliamente*:
greatly moved, *enormemente conmovido*

• • intensidad media
rather, *más bien*:
rather sad, *más bien triste*
chiefly, mostly, *sobre todo, principalmente*:
They were chiefly (mostly) interested in maths.
Sobre todo les interesaban las matemáticas.
sort of, kind of (fam.), *algo, en cierta forma, como*:
She was sort of (kind of) suspicious.
Como que tenía sus sospechas.
fairly, pretty, *bastante, algo*:
He is fairly tall, *es bastante alto.*
She did a pretty good job. *Lo hizo bastante bien.*

N.B. Fairly, pretty, *más bien, bastante*, sólo se emplean con
adjetivos de connotación positiva: **fairly (pretty) easy**, *bastante/más bien fácil*, pero **rather difficult**, *bastante/más bien difícil*.

• intensidad débil
almost, *casi*:
It's almost finished, *está casi terminado*
somewhat, *algo, un poco, un tanto, en cierta forma*
I find it somewhat strange that...
Encuentro un tanto extraño que ...

◊ intensidad marcadamente nula
not at all, *nada*:
absolutely not, *absolutamente nada*

N.B. Podríamos colocar estos adverbios de fuerte intensidad negativa en la primera serie (• • •). Nótese que la negación **not** empleada con los demás adverbios de esta lista relativiza su intensidad y remite a 23.2.

23.1.2. Much y **very** pueden ir precedidos por el intensificador **so**, pero no es obligatorio:

She was so much pleased.
Estaba tan contenta.
It's so much expensive.
Es tan caro.

Encontraremos la misma forma con **ever**:

Thank you ever so much.
Muchísimas gracias.

23.1.3. En principio, no debería emplearse **very** delante de un participio pasado: **very interesting, much disappointed**; de hecho, lo encontramos a menudo ante adjetivos con forma de participio pasado de empleo muy frecuente, como **very tired, very pleased.**

23.1.4. Esta regla se aplica para los participios pasados empleados como adjetivos, que requieren más bien **much** o **highly, greatly, deeply, really**, etc., como adverbios:

This is a greatly improved model.
Es un modelo considerablemente mejorado.
We've been deeply impressed.
Nos sentimos profundamente impresionados.
Highly industrialized countries.
Países altamente industrializados.

23.1.5. Quite adquiere un sentido diferente según si el acento recae sobre **quite** (1), sobre el adjetivo que le sigue (2) o sobre los dos (3); así, en **it's quite good:**

(1) *es más bien bueno* (pero apenas);
(2) *es bastante bueno;*
(3) *es realmente bueno.*
I'm quite sure. *Estoy absolutamente seguro.*
You're quite right. *Tienes toda la razón.*

23.2. *Adverbios de grado relativo,* esto es, que se emplean en relación con un criterio impuesto o elegido por el sujeto (cf. 32.13):

enough, *lo bastante, lo suficiente:*
(It's) good enough for me.
Para mí, es suficiente.

too, *demasiado:*
It's too expensive. *Es demasiado caro.*

Much too, far too:

fase 1	difficult	much time, many people
fase 2	too difficult	too much time, too many people
fase 3	much too difficult far too difficult	far (o much) too much time, far too many people

N.B. No debe confundirse la fase 3 de **difficult** (**much too difficult**) con la fase 2 de **much** (**too much time**).

• **that**, *tan, así de:*
It's not that difficult.
No es tan difícil.
I didn't know it was that expensive.
No sabía que era tan caro.
Mike caught a pike that big.
Mike pescó un lucio así de grande.

23.3. *Algunos casos particulares*
Adjetivos cuantitativos u ordinales:
a good(fam.), *un buen ..., por lo menos, bien medido*
a good few hours, *durante una buena cantidad de horas*
a good many people, *un buen número de personas*

23.4. *Adverbios de adjetivo sin variación de intensidad*
• **barely, hardly, scarcely**, *apenas, poco:*
It's barely audible. *Apenas se oye.*
It's hardly worth it. *Casi ni vale la pena.*
They were scarcely polite. *Fueron apenas corteses.*

- **just about**, *justo, apenas*:

Just about polite, *apenas cortés*

- **far from**, *ni mucho menos*:

They're far from rich.

No son ricos, ni mucho menos.

- **far more**, *mucho más*:

She's far more intelligent than her brother.

Ella es mucho más inteligente que su hermano.

23.5. *Construcciones particulares*

Adverbios que se refieren a los adjetivos que no pertenecen al grupo nominal: **so, as, how, too**

- **as**, *tan*:

He did as good a job as he could.

Hizo lo mejor que pudo (literalmente *hizo un trabajo tan bueno como pudo*).

It's as good a dictionary as any.

Es un diccionario tan bueno como cualquier otro.

- **so**, *tan*:

We never had so difficult an exercise.

Nunca nos había tocado un ejercicio tan difícil.

- **too**, *demasiado*:

It's too big a bone for this little dog.

Es un hueso demasiado grande para un perro tan pequeño.

- **how**, *cuán, lo .... que*:

I was pleased to see how helpful he proved.

Me dio gusto ver lo útil que se mostró (*cuán útil se mostró*)

23.6. How *exclamativo e interrogativo*, véase 34.10 y 38.3.

24. Los adjetivos sustantivados

24.1. *Sustantivación*

Al igual que en español, a veces es necesario utilizar un adjetivo o un participio pasado en un sentido colectivo y general o abstracto para designar un conjunto o una categoría completa. Se dice entonces que el adjetivo está *sustantivado* o *nominalizado*, puesto que se emplea como sustantivo o nombre. Incluso en este caso el adjetivo es *invariable* en inglés.

the poor, *los pobres*
the unemployed, *los desempleados*
the houseless/homeless, *los que no tienen casa*
the rich and the powerful, *los ricos y los poderosos*

24.1.1. El adjetivo sustantivado no lleva la marca del plural pero requiere un verbo en plural (cf. 24.5). Además, puede ir precedido por un adverbio:

the very rich, *los muy ricos*
the extremely powerful, *los que son extremadamente poderosos.*

Además, el adjetivo sustantivado no puede emplearse con el caso posesivo.

24.1.2. Excepciones: a raíz de su uso sistemático, ciertos adjetivos se han transformado totalmente en sustantivos.

the blacks, *los negros*, **the whites**, *los blancos*
the coloureds, *la gente de color*
the greens, *los verdes, los ecologistas*
the invisibles, *los ingresos invisibles*
the unknowns, *los desconocidos*

24.2. *Los adjetivos de nacionalidad* pueden usarse para nombrar a los habitantes o su idioma. Los que terminan con **-sh**, **-ch**, **-ese** o **-ss** no admiten marca de plural; se trata efectivamente de adjetivos sustantivados:

The Swiss have famous watchmakers.
Los suizos tienen relojeros famosos.
The French don't eat as much bread.
Los franceses no comen tanto pan.
The Japanese often travel in groups.
Los japoneses a menudo viajan en grupo.

• Los adjetivos de nacionalidad terminados en **-ese**, como por ejemplo **Portuguese**, **Chinese**, **Japanese**, nunca llevan **-s** y funcionan como sustantivos en singular o plural.

24.2.1. Los adjetivos que se emplean como nombres de nacionalidad y terminan con **-i** o **an** llevan una **-s** en el plural:

I met Germans at the airport.
Me encontré con unos alemanes en el aeropuerto.

Italians came.
Vinieron unos italianos.
Many Pakistanis live in this area.
Muchos pakistanís viven en esta zona.
Israelis, *israelitas*
an Iraqi, *un iraquí*

24.2.2. Nótese que en ciertos casos existe un sustantivo diferente del adjetivo para designar a los habitantes de un país (aunque no a su idioma):

Swedish, *sueco* o *el sueco, el idioma sueco* pero **a Swede**, *un sueco*, **the Swedes**, *los suecos*.

Spanish, *español, el español*, pero **a Spaniard**, *un español*, **the Spaniards**, *los españoles*.

Turkish, *turco, el turco*, pero **a Turk**, *un turco*, **the Turks**, *los turcos*.

24.2.3. Atención: **an Arab** (sustantivo), *un árabe*, **Arab** (adj.) **forces**, *las fuerzas árabes*; **Arabic** (adj. sustantivado), *el árabe* (el idioma árabe), **Arabic numerals**, *números arábigos*; **Arabian** (adj.) *de Arabia, árabe*, **the Arabian desert**, *el desierto de Arabia*, **Arabian nights**, *las Mil y una noches*.

24.2.4. Contrariamente al español, en inglés se escriben con mayúscula tanto el sustantivo como el adjetivo de nacionalidad:

This Englishman bought a Swiss watch.
Este inglés compró un reloj suizo.

24.3. *Forma del verbo*: el verbo que sigue a un adjetivo sustantivado suele estar en plural:

The unemployed hope to find a job.
Los desempleados esperan encontrar trabajo.
The blacks fight for their civil rights.
Los negros luchan por sus derechos civiles.
The French and the British built a tunnel.
Los franceses y los británicos construyeron un túnel.

24.4. *Categorización*: todo lo anterior muestra que el adjetivo sustantivado sólo se puede aplicar a una categoría considerada en su totalidad o de manera colectiva. Por ello, va precedido por un determinante (artículo, demostrativo, caso posesivo) que refiere a una totalidad.

The rich, *los ricos*
Africa's starving, *las poblaciones famélicas de Africa* (literalmente *los hambrientos de Africa*)
Their young, *sus cachorros*.

24.5. *Plural*: el adjetivo sustantivado exige un verbo en plural.

24.5.1. No se puede entonces utilizar para nombrar un elemento único o una sola parte de la categoría; para ello será necesario recurrir a un sustantivo o pronombre:
a poor man, *un pobre*
several deaf and dumb persons, *varios sordos y mudos*
an Englishman, *un inglés*
a French woman, *una francesa*
The cat licked her young one. *La gata lamía a su gatito.*

24.5.2. Sin embargo, algunos adjetivos pueden comportarse de manera diferente:
You are a dear. *Eres un encanto.*
The accused was hardly fifteen.
El acusado tenía apenas quince años.

Podemos mencionar también **the betrothed**, *el/la/los novio/a/os*, **the departed**, *el/la/los/as difunto/a/os/as*, **the undersigned**, *el/la/los/as abajo firmante/s*.

24.6. *Singular*: los adjetivos que se utilizan como sustantivos, como por ejemplo para nombrar un color, un idioma o una idea abstracta conservan su sentido de singular y el verbo estará también en singular.
The blue of that dress is too dark.
El azul de ese vestido es demasiado oscuro.
English has become an international language.
El inglés se ha convertido en un idioma internacional.

25. Los pronombres

25.1. *Pronombres personales*
Los hay de dos tipos: los pronombres personales sujeto y los pronombres personales complemento.

N.B. En inglés moderno, no existe una forma especial de tuteo. **You** sirve para todas las formas. Y sólo existe una forma para la 3a. persona del plural, **they**.

25.1.1. Forma de los pronombres sujeto

I	*yo*
you	*tú*
he	*él* (pr. masculino)
she	*ella* (pr. femenino)
it	*él, ella, ello, lo, eso* (pr. neutro)
we	*nosotros*
you	*ustedes*
they	*ellos, ellas*

25.1.2. Empleo de los pronombres sujeto
En principio, es el mismo que en español, pero existen ciertas diferencias.

• En una comparación de igualdad (cf. 22.5.1), se conserva a menudo un verbo, y por lo tanto se usa el pronombre sujeto:

He's as tall as I am.

Es tan alto como yo.

Aunque también encontraremos **he's as tall as me.**

• Nunca se reduplican los pronombres en inicio de oración:

I don't like going to bed early.

A mí no me gusta acostarme temprano.

• En español, rara vez se utiliza el pronombre sujeto, por lo cual, cuando aparece explícitamente, suele tener valor enfático; este énfasis se marca con un simple acento de insistencia en inglés oral; por escrito, a veces se indica con itálicas:

I saw him first. *Yo lo vi primero.*

***She* did it, not *you*.** *Lo hizo ella, no tú.*

• **We**, **you**, **they** tienen a veces el sentido del impersonal *se* cuando aquel que habla incluye tanto a sí mismo, a su interlocutor o a un tercero en su enunciado:

In France, we drink more wine than here.

En Francia, se bebe más vino que aquí.

Here in Germany, you drink more beer than we (do) in France.

En tu tierra, en Alemania, se bebe más cerveza que en Francia.

They make whiskey in Ireland.

En Irlanda se fabrica whisky.

• Existe un pronombre sujeto "impersonal": **one**, que se usa para enunciados sentenciosos o de valor general:

One doesn't always do what one wants.

Uno no siempre hace lo que quiere.

A este pronombre sujeto (que puede ser complemento: **to give one a second chance**, *darle a uno una segunda oportunidad*) corresponde un posesivo: **one's.**

To do one's duty, *cumplir con su deber.*

25.1.3. Forma de los pronombres personales complemento

me	*mi, me*
you	*ti, te*
him	*él, le* (pr. masculino)
her	*ella, la* (pr. femenino)
it	*él, ella, le, la, lo, ello* (pr. neutro)
us	*nosotros, nos*
you	*ustedes, les*
them	*ellos, ellas, los, las, les*

25.1.4. Empleos de los pronombres personales complemento

• Tienen la misma forma, se emplean como complemento directo o indirecto.

• Se usan en el lugar y en sustitución de un sustantivo y concuerdan en género y número con éste:

I told my brother ⇨ **I told him**

I told my sister ⇨ **I told her**

I told my brother and my sister ⇨ **I told them.**

• Se emplean de manera directa: **Tell him!**, ¡*Dícelo*! o indirecta, **Give it to her!**, ¡*Dáselo a ella!*

• En inglés, el pronombre personal complemento siempre se coloca detrás del verbo. Además, cuando es indirecto, va siempre después de los directos, sean éstos sustantivos o pronombres. Compárense los siguientes ejemplos:

Tell your mother. *Dile a tu madre*

y

Tell that to your mother. *Dile eso a tu madre.*

25.1.5. La oración infinitiva constituye un caso particular, donde el pronombre tiene forma de complemento, pero es sujeto del infinitivo, precedido por **to**:

I want them to go away.
Quiero que se vayan.

o sin **to**:

Let me do it. *Déjame hacerlo.*
She made him change his mind.
Lo obligó a cambiar de opinión.
I saw him jump. *Lo vi brincar.*

25.1.6. Empleo especial de **it**: encontramos a veces **it** como elemento de unión, anunciando o apoyando un adjetivo predicativo (cf. 46.3, oración infinitiva):

He found it difficult to go. *Le costó trabajo irse.*
I made it clear that... *Dejé bien claro que...*

Se ve que estas construcciones tienen como origen **it is difficult to go**, **it is clear that**.

25.2. *Pronombres reflexivos*

myself	*mí mismo/a*
yourself	*tú mismo/a (usted mismo/a)*
himself	*él mismo, sí mismo* (pr. masculino)
herself	*ella misma, sí misma* (pr. femenino)
itself	*él/ella/sí mismo/a* (pr. neutro)
oneself	*se* (pr. impersonal, cf. 25.2.2.)
ourselves	*nosotros/as mismos/as*
yourselves	*ustedes mismos/as*
themselves	*ellos/as, sí mismos/as*

25.2.1. Se observan las formas diferentes del singular y plural que permiten distinguir entre **yourself** (*tú mismo* = tuteo sg., o *usted mismo* = usted) y **yourselves** (*ustedes mismos* = plural, dirigiéndose a varias personas).

25.2.2. Oneself se usa para expresar la forma pronominal del infinitivo de los verbos (que llevan *se* en español):
    to kill oneself, *matarse*
    to ask oneself, *preguntarse*
    to introduce oneself, *presentarse*
    to tell oneself, *decirse*
Pero cuando se conjuga el verbo se declina el pronombre:
    They introduced themselves.
    Se presentaron a sí mismos.

25.2.3. No debe confundirse la acción realizada sobre <u>sí mismo</u> con la que realiza <u>uno</u> mismo:
    She killed herself out of despair.
    Se mató (suicidó) *por desesperación.*
    She killed the kittens herself.
    Mató a los gatitos ella misma.

25.2.4. *¡Atención!* Muchos verbos que son "reflexivos" en español no lo son en inglés (cf. 16):
    to wash, *lavarse*
    to shave, *rasurarse*
    to dress, *vestirse*, etc.

25.2.5. Self se usa también como sustantivo:
    She was her normal self again.
    Había vuelto a ser ella misma.

25.3. *Pronombres recíprocos*
Se trata de **each other**, *el uno al otro*, **one another**, *los unos a los otros*, que traducen también las formas reflexivas *se, nos*, etc. (cf. 16).
Originalmente, se usaba **each other** como un "dual", esto es, cada vez que se trataba solamente de dos términos, y **one another** como "plural" para más de dos. Actualmente, esta distinción tiende a desaparecer y prevalece **each other** en todos los casos.

They don't speak to each other any more.
Ya no se hablan (son dos).
They don't speak to one another.
Ya no se hablan entre ellos (se trata de toda la familia).

25.3.1. Cuidado con la confusión, que siempre es posible en español, pero no en inglés, entre el reflexivo *mirarse (en el espejo)* **to look at oneself (in the mirror)** y el recíproco *mirarse (agresivamente)*, **to look (askance) at each other/one another.**

25.3.2. El recíproco **each other** (menos frecuente **one another**) posee una forma de caso posesivo:

We borrowed each other's cars last weekend.
Intercambiamos (literalmente *nos pedimos prestados*) *los autos este fin de semana.*

25.4. *Los pronombres demostrativos* **this, that, these, those**

25.4.1. This, *éste, ésta...*: es el demostrativo singular de proximidad en el espacio y el tiempo.

This is interesting.
Esto es interesante.
(lo que acabas de decirme, lo que se está diciendo, lo que voy a mostrarte).

25.4.2. That, *ése/ésa/eso*, *aquél/aquélla/aquello*: es el demostrativo singular de lejanía en el espacio y el tiempo (lo que se acaba de mencionar, lo anterior).

That was a nice evening.
Esa fue una noche encantadora.
To be or not to be, that is the question.
Ser o no ser, ése es el dilema.

Recordatorio: al igual que el adjetivo demostrativo, el pronombre **that** también puede adquirir un matiz bastante peyorativo, o un valor de distancia afectiva:

– **Do you remember the film we saw the other night?**
– *¿Recuerdas la película que vimos la otra noche?*
– **Oh that! No, I hardly do.**
– *¿Esa? No, casi nada.*

25.4.3. Se encuentra el mismo tipo de relaciones para las formas del plural:

• **these**, *éstos/as:* el plural de **this**:

We don't buy these anymore.

De éstos ya no compramos.

• **those**, *ésos/ésas, aquellos/aquellas*: el plural de **that**:

Those were the days! *¡Qué días aquellos!*

(literalmente *aquellos eran [realmente] los días*).

Those were happy days!

Esos sí que eran días felices.

I spent wonderful holidays with her in Greece. Those I'll never forget.

Pasé unas vacaciones maravillosas con ella en Grecia. Esas nunca las olvidaré.

25.5. *Pronombres posesivos*

mine	*el mío, la mía, los míos, las mías*
yours	*el tuyo, la tuya, los tuyos, las tuyas*
his	*el suyo, la suya, los suyos, las suyas* (de él)
hers	*el suyo, la suya, los suyos, las suyas* (de ella)
its own	*el suyo, la suya, los suyos, las suyas* (neutro)
ours	*el nuestro, la nuestra, los nuestros, las nuestras*
yours	*el suyo, la suya, los suyos, las suyas* (de usted/es)
theirs	*el suyo, la suya, los suyos, las suyas* (de ellos/ellas)

25.5.1. Empleos

A diferencia del español, en inglés el pronombre posesivo concuerda con el poseedor, y no con lo poseído, pero también sustituye un sustantivo sujeto o complemento:

Your car is fast, but hers is comfortable.

Tu auto es rápido, pero el suyo es cómodo.

Mine are more expensive.

Los míos son más caros.

I've lost my key, can you lend me yours?

Se me perdió mi llave, ¿puedes prestarme la tuya?

May I borrow yours?

¿Puedo tomar la tuya prestada?

Nota: para traducir *la/el de Juan* se usa el posesivo sin nombrar lo poseído, y no el posesivo completo:

May I borrow John's? (se sobrentiende **John's one**)
¿Puedo tomar prestado el de John?
Can you lend me your brother's (= **your brother's one**)
¿Puedes prestarme el de tu hermano?

Nota: a veces se puede emplear **that of,** pero **the one of** es decididamente incorrecto (cf. 26.4.2).

I couldn't find my pen so I used John's/that of John.
No encontré mi pluma, entonces usé la de John.

25.5.2. El pronombre posesivo se emplea a veces en lugar de "adjetivo posesivo + sustantivo":

One of my friends, *uno de mis amigos,* o
A friend of mine, *un amigo mío*
Your car, *tu auto,* y
That car of yours, *ese auto tuyo* (cf. 25.4.2)

25.5.3. Nótese que el pronombre reflexivo neutro es **its own**. **Its** solo no puede ser más que adjetivo:

Their boat has a power system of its own.
Su barco posee su propio generador.

25.6. *Pronombres indefinidos*
De los adjetivos indefinidos que estudiamos en 21, algunos funcionan como pronombres. Este es el caso de **some, any, no** y de sus compuestos **anybody, nobody, somebody; anyone, no-one, someone; anything, nothing, something**:

I want some. *Quiero de eso.*
She didn't buy any. *No compró ninguno.*
There was no-one. *No había nadie.*
Nothing could be done.
No había nada que hacer (literalmente *nada pudo hacerse*).
Can anybody help her?
¿Puede ayudarla alguien?

Notas:
• **No-one** se escribe también **no one.**
• No debe confundirse **no one** y **none.**
• Cuidado con el significado de la forma:
No one solution is valid.
No existe una solución única.

25.7. *Pronombres relativos y pronombres interrogativos*

25.7.1. Relativos

who	*quien*	sujeto
whom/who	*quien*	objeto
whose	*de quien*	genitivo
what	*que*	neutro, sujeto u objeto
which	*el/la/lo cual*	selectivo, sujeto u objeto
that	*que*	neutro, sujeto u objeto

Recordatorios:
1. el pronombre objeto **whom** a menudo se transforma en **who**, forma idéntica al sujeto;
2. **that** y **whom/who** como pronombres relativos objeto se omiten con frecuencia: **the man I saw**: se sobrentiende **that** o **whom/who** ⇨ **the man that/whom/who I saw.**

25.7.2. Interrogativos

who	*¿quién?*	pr. sujeto
whom/who	*¿quién?*	pr. objeto
whose	*¿de quién?*	pr. genitivo
what	*¿qué?*	pr. neutro, sujeto u objeto
which	*¿cuál?*	pr. selectivo, sujeto u objeto

Sobre el empleo de los adjetivos y pronombres interrogativos, véase 34.

25.8. *Pronombres indefinidos* + **else**
Else, adj. = *otro, más*; adv. = *más*. Se añade a **who, what, whatever, where, how** o a los compuestos de **some, any, no.**

> **Who else have you seen?**
> *¿A quién más has visto?*
> **What else did you buy?**
> *¿Qué más compraste?*
> **Where else have you been?**
> *¿Dónde más has estado?*
> **How else could I do?**
> *¿De qué otra forma podía yo hacerlo?*

We won't go anywhere else (we'll go nowhere else).
No iremos a ninguna otra parte.
Is there anything else you would like?
¿Desea usted algo más?
I think we met somewhere else.
Creo que nos conocimos en otra parte.
Ask someone/somebody else.
Pregúntale a alguien más.
No one else could do that.
Nadie más podría hacerlo.
Whatever else you may want.
Cualquier otra cosa que quiera.

25.9. Both, either, neither ~~cualquiera~~ ~~ninguno~~

• **Both, either, neither** se emplean como pronombres. Sobre su papel como adjetivos, véase 20.9.
I like both.
Me gustan los dos.
I like neither.
No me gusta ninguno de los dos.
Give me either.
Deme cualquiera de los dos.

• Pueden ir seguidos por **of** + pronombre:
You must see both of them.
Tienes que verlos a los dos.
Neither/either of yours will be okay.
Ninguno/cualquiera de los tuyos servirá.

•**Both** siempre va seguido por el plural y **either** por el singular. En principio, **neither** va seguido por un verbo en singular, pero a veces aparece en plural:
Neither of his parents speaks/speak English.
Ni su padre ni su madre hablan inglés.

Either y neither remiten en principio a un pronombre singular, puesto que van seguidos por un verbo en singular. Sin embargo, en la práctica cotidiana observamos que pueden verse reproducidos por un pronombre plural, sobre todo en los apéndices de oración equivalentes a ¿verdad?, ¿no es cierto?
Neither came, did they?
Ninguno de ellos vino, ¿verdad?

26. Los complementos del sustantivo

Recordemos la existencia de los tres esquemas siguientes:

26.1. *Sustantivo* + *preposición* + *sustantivo* (o sustantivo verbal)
> **an increase in salary,** *un aumento de salario*
> **their reason for coming,** *la razón de su venida*

26.2. *Preposición* + *oración* (cf. 43.4)
> **the question of how to pay,**
> *el problema de cómo pagar*
> **the discussion about whether they should do it,**
> *la discusión para saber lo que deben o no hacer*

26.3. *Sustantivo* + **that** + *oración* (cf. 42.2)
> **the theory that the Earth revolves round the Sun,**
> *la teoría según la cual la Tierra gira alrededor del Sol*

26.4. *Caso posesivo*
El caso posesivo, a veces llamado "genitivo", corresponde más o menos al complemento de sustantivo que en español se introduce con *de*. Indica una relación de posesión o un vínculo de familia, o bien una característica constitutiva o de otro tipo entre dos términos. Originalmente, sólo se empleaba con los seres animados, que incluían a los animales familiares. También aparece en expresiones fijas:
> **to my heart's content,** *hasta saciarme*
> **for heaven's sake**, *por el amor de Dios.*

Hoy en día cada vez se emplea más para objetos:
> **the plane's being late,** *el que el avión esté demorado.*

26.4.1. Formación: se añade al sustantivo **'s** si es singular o tiene una forma de plural sin **-s**, o sólo el apóstrofo ['] si es plural. Nunca se usa el artículo después de **'s** o **'**.

• Nombre del poseedor en singular o plural sin **-s**:

> nombre del poseedor + **'s** + nombre del objeto poseído

• Nombre del poseedor en plural con **-s:**

> nombre del poseedor en plural + **'**

• Nombre del poseedor en singular, pero terminado con **-s:**
1. si el sustantivo es corto (una o dos sílabas): –/–**'s;**
2. si es largo: –/– /– (–)**'**.

26.4.2. Formas incompletas o abreviadas
• Formas elípticas:
    at the baker's (**shop** se sobrentiende),
    en la panadería
    at my aunt's, at my parent's (**house** se sobrentiende),
    en casa de mi tía, de mis padres
    St Paul's (**Cathedral**), **he studies at Queen's** (**College**).
• Empleo pronominal (cf. 25.5.2):
    the bag you found is my sister's,
    la bolsa que encontraste es (la) de mi hermana.

26.4.3. Algunos casos particulares
• Caso posesivo del pronombre:
    someone's bag, *la bolsa de alguien*
    It's nobody's business. *Eso no es asunto de nadie.*
• Caso posesivo de **else:**
    somebody else's book, *el libro de otra persona*
• Caso posesivo de términos de tiempo o lugar:
    an hour's walk, *un paseo de una hora*
    a two miles' walk, *un paseo de tres kilómetros*
    a two hours' delay, *un retraso de dos horas*
    yesterday's paper, *el periódico de ayer*
    a day's work, *una jornada de trabajo*
    an hour's break, *una pausa de una hora*
    on New Year's Eve,
    en la noche de Año Viejo, la cena de año nuevo.
• Caso posesivo de abreviaturas o iniciales:
    the MP's car (**MP = member of Parliament**),
    el auto del diputado
    the PRO's secretary (**PRO = Public Relations Officer**),
    la secretaria del director de relaciones públicas.

27. Otros complementos del adjetivo

27.1. *Algunos adjetivos se construyen con complementos intro-*
ducidos por preposiciones (que no son necesariamente equivalentes léxicos del español):

He is good at mathematics. *Es bueno en matemáticas.*
She is keen on music. *Le gusta mucho la música.*
He is afraid of mice. *Tiene miedo a los ratones.*
I am not interested in this business. *No me interesa este*
asunto.
This poison is capable of instant death.
Este veneno puede causar una muerte instantánea.

27.2. *Algunos adjetivos pueden tener dos construcciones dife-*
rentes:

You will be responsible for their safety.
Usted será responsable de su seguridad.
You'll be responsible to me.
Usted será responsable ante mí.

27.3. *Algunos adjetivos se construyen con el infinitivo:*

They were ready to go.
Estaban listos para partir.
They won't be able to do it.
No podrán hacerlo.

27.4. *Complementos de medida:*

She was twenty years old.
Ella tenía veinte años.
Here, the river is ten feet deep.
Aquí, el río tiene tres metros (diez pies) de profundidad.

Obsérvese que el número de unidades precede al adjetivo.

Atención no deben confundirse con los adjetivos compuestos (véase 22.4):

a twenty-year old boy, *un muchacho de veinte años.*
a ten-foot deep pond, *un estanque de tres metros de pro-*
fundidad.

que se caracterizan por el guión y el singular en la unidad
de medida.

28. Cifras y números

28.1. *Los adjetivos cardinales*

0 nought*	10 ten		
1 one	11 eleven		21 twenty-one
2 two	12 twelve	20 twenty	22 twenty-two
3 three	13 thirteen	30 thirty	33 thirty-tree
4 four	14 fourteen	40 forty	44 forty-four
5 five	15 fifteen	50 fifty	55 fifty-five
6 six	16 sixteen	60 sixty	66 sixty-six
7 seven	17 seventeen	70 seventy	77 seventy-seven
8 eight	18 eighteen	80 eighty	88 eighty-eight
9 nine	19 nineteen	90 ninety	99 ninety-nine

*También **zero** [ziərou] en las cifras, **0** [ou] en los números, como los de teléfono, por ejemplo.

100	one hundred
200	two hundred
600	six hundred
1 000	one thousand
10 000	ten thousand
168	one hundred and sixty-eight
255	two hundred and fifty-five
691	six hundred and ninety-one
1 032	one thousand and thirty-two
15 578	fifteen thousand five hundred and seventy-eight
1 000 000	one million
2 000 000	two million
12 236 669	twelve million two hundred thirty-six thousand six hundred and sixty-nine
1 000 000 000	one thousand million (GB)
	one billion (US, cada vez se utiliza más en GB)

28.1. Al igual que todos los adjetivos, los cardinales son invariables y no llevan marca de plural en inglés.

28.1.2. Se coloca un guión entre los números de la última decena y la última unidad.

28.1.3. Se coloca una coma después de cada marca de miles.

28.1.4. And es obligatorio delante del grupo decena + unidad final, cuando existe: 1 001 = **one thousand and one;** 540 540 = **five hundred forty thousand five hundred and forty,** etc.

28.1.5. El caso de **dozen,** literalmente *docena,* **score,** *veintena* : al igual que **hundred, thousand, million,** como adjetivos numerales no toman la marca de plural.
   two dozen eggs, *dos docenas de huevos*

28.1.6. *Coma,* **comma** [komə]; *punto,* **point** [point]. Su uso para las cifras es casi el mismo que en México (cf. 28.1.3):
   1(.)376,23 = **1,376.23, one thousand three hundred and seventy-six point twenty three.**

28.1.7. Cuidado con los decimales:
   3,1416 = **3.1416** se lee **three point one four one six,** o π [pæi].
   0,0025 = **0.0025** o **.0025,** que se lee (**zero**) **point zero zero two five (twenty five)**

28.1.8. Cuando se habla de cantidades aproximadas y no exactas, se emplea un sustantivo y no un adjetivo. En ese caso, el inglés suele usar el sustantivo en plural seguido de **of** + sustantivo(s):
   Hundreds of birds, *cientos de pájaros*
   There were thousands of them. *Eran miles*
   He made millions. *Ganó millones*
Atención: **Dozen** es de uso común para indicar cantidades aproximadas: debemos recordar que, originalmente, el sistema inglés de medidas (de moneda, de longitud ...) era de fuerte tendencia duodecimal (= base doce). Se dirá:
   Dozens* of cars, *docenas de autos*

---

*Cf. 28.1.5. arriba sobre **dozen**

Pero:

Tens of thousands, *decenas de miles*
y no lo contrario.

Dozens of people witnessed the accident.
Decenas de personas presenciaron el accidente.
People fled in tens of thousands.
La gente huía por decenas de miles.
They came in [their] hundreds.
Llegaron por centenares.
To sell something by the dozen.
Vender algo por docena.

28.1.9. Last, next y **first** se colocan delante del grupo adjetivo numeral + sustantivo:

the last ten days, *los diez últimos días*
the first ten thousand miles,
los primeros quince mil kilómetros.

28.1.10. Obsérvese también:

How many of you (are there)? *¿Cuántos son ustedes?*
There are seven of us, *somos siete.*

28.2. *Los adjetivos ordinales*

Los ordinales se forman a partir de los cardinales que ya hemos visto, y poseen una forma especial que indica el orden:

1st	first	21th	twenty-first
2nd	second	22th	twenty-second
3rd	third	30th	thirtieth
4th	fourth	40th	fortieth
5th	fifth	50th	fiftieth
6th	sixth	60th	sixtieth
7th	seventh	70th	seventieth
8th	eighth	80th	eightieth
9th	ninth	90th	ninetieth
10th	tenth	33rd	thirty-third
11th	eleventh	44th	forty-fourth
12th	twelfth	55th	fifty-fifth
13th	thirteenth	66th	sixty-sixth
14th	fourteenth	77th	seventy-seventh
15th	fifteenth	88th	eighty-eighth

16th	sixteenth	99th	ninety-ninth
17th	seventeenth	100th	hundredth
18th	eighteenth	1 000th	thousandth
19th	nineteenth	1 000 000th	millionth
20th	twentieth	etc.	

28.2.1. El adjetivo numeral ordinal se obtiene añadiendo la final **-th** al cardinal correspondiente, sea que se usen números o letras:

> **four** → **fourth (4th)**
> **six** → **sixth (6th)**
> **seven** → **seventh (7th)** etc.

Cuando se enuncia oralmente, siempre va precedido por el artículo definido **the**.

28.2.2. Casos particulares:

- **one** → **first (1st)**
- **two** → **second (2nd)**
- **three** → **third (3rd)**

al igual que:

- **five** y **nine**, donde se suprime la **e** final:
  > **fifth (5th), ninth (9th)**
- y las decenas, donde la **y** final se convierte en **ie**:
  > **forty** → **fortieth (40th)**.

28.2.3. Los adjetivos ordinales siguen las mismas reglas que los demás adjetivos, sobre todo en lo que se refiere al uso de adverbios (cf. 23.1. y 23.3)

> **the very first,** el primerísimo;
> **the very last,** el último de todos (cf. la gradación de adjetivos);
> **He arrived a good first.**
> Llegó primero por mucho.

28.2.4. Se usan los números romanos para los nombres de reyes o emperadores y, sin duda por imitación, los norteamericanos los usan también para distinguir a los miembros de generaciones diferentes dentro de la misma familia.

> **Henry VIII,** Enrique VIII;
> **Czar Alexander III,** el Zar Alejandro III;
> **Henry Ford IV** ("cuarto con el mismo nombre").

166

Sin embargo, se dice:

Henry the eighth, Czar Alexander the third

Para los siglos, se emplean también los números romanos, aunque con la forma de los ordinales:

the XXth century, *el siglo XX*

28.2.5. El *enésimo* se traduce por **the umpteenth** en lengua común, y por **nth** en las fórmulas matemáticas:

for the umpteenth time, *por enésima vez*
... of the nth order, *del enésimo orden*

28.3. *Otros números*

28.3.1. Las fracciones: $^1/_2$, $^3/_4$, $^7/_8$, $^{11}/_{12}$ se leen respectivamente **one half, three quarters, seven eighths, eleven twelfths**, etc.

28.3.2. La fecha: las formas británicas y norteamericanas son diferentes. En Estados Unidos, ha desaparecido la forma del ordinal, pero se sigue pronunciando; el día se coloca siempre después del mes:

July 4, 1776 (the fourth of July seventeen seventy-six)
December 24, 1992 (December the twenty-fourth nineteen ninety-two)

En Gran Bretaña, se usa siempre la forma del ordinal para el día del mes, aunque no siempre aparezca por escrito, y el día se coloca siempre delante del mes:

18th October (the eighteenth of October)
January 4th (the fourth of January)
February 22, (the twenty-second of February)
14 July, 1999, (the fourteenth of July nineteen ninety-nine)

Nota importante:
Conviene evitar escribir la fecha con números que representen día/mes/año. En efecto, es posible crear confusiones, puesto que el uso es diferente en Gran Bretaña y los Estados Unidos: los británicos, al igual que el español, colocan el día en primer lugar, y los norteamericanos en segundo.
3/9/91 se lee entonces como:

the third of September nineteen ninety-one (GB)

o

the ninth of March nineteen ninety-one (EU)

28.3.3. La hora: en la vida diaria se usa el doble horario, según se trate de la mañana o la tarde.
ten to six, nine (o'clock), eleven and a quarter, half past ten, que a veces se precisan (**a.m.** para la mañana) y (**p.m.** para la tarde) cuando puede haber ambigüedad. Obsérvese que la expresión tradicional **o'clock** ("*en el reloj*") sólo se emplea con la hora exacta, y no siempre.

28.3.4. Los horarios: se usa un sistema de 24 horas.
the train leaves at 09:35
the plane will arrive at 21:40
the bus is due at 12:15 (*las doce del día,* y no *de la noche,* que se expresaría como **00:15**)

28.3.5. Fecha precisa y frecuencia
• Fecha precisa:
His book will be published on Monday (February 24th).
Su libro saldrá publicado el lunes (24 de febrero).
• Frecuencia:
This magazine is published on Mondays.
Esta revista sale los lunes.

Nótese la diferencia entre el español y el inglés, que no emplea el artículo, aunque también usa el plural para indicar repetición regular; a menudo emplea la preposición **on** para introducir el nombre de un día o una fecha.

28.3.6. Las cuatro operaciones
Multiplication [mœltiplikeis^{h}n]: **23 x 32 = 736, twenty-three multiplied/by thirty-two equals** *or* **is seven hundred and thirty-six.**

Division [diviʒən]: **32 : 5 = 6.4, thirty-two divided by five is** *or* **equals six point four.**

Addition [ədis^{h}n]: **326 + 75 = 401, three hundred and twenty-six plus seventy-five equals** *or* **is four hundred and one.**

Subtraction [sœbtraks^{h}n]: **555 - 66 = 489, five hundred and fifty-five minus** [məinəs] **sixty-six is** *or* **equals four hundred and eighty- nine.**

Nótese la ortografía de **subtraction** en inglés.

28.4. *Otras operaciones con números*

28.4.1. A, per
They earn [\$] 200 a week/per week.
Ganan 200 dólares por semana.
My car does 35 miles per gallon.
Mi auto da 35 millas por galón.

28.4.2. Every
They come every other week.
Vienen cada quince días (= cada dos semanas).
It happens every fourth year.
Sucede cada cuatro años.
They only meet every ten years.
Sólo se ven cada diez años.

28.4.3. From, by, to
A un valor determinado se puede añadir una cantidad (o una proporción) para alcanzar un nuevo valor.
His salary went up from [\$] 200 to [\$] 250.
Su salario aumentó de 200 a 250 dólares.
His salary went up by [\$] 50.
Su salario aumentó 50 dólares.

By no se expresa en inglés norteamericano:
His salary went down 10%.
Su salario disminuyó un 10%.

En cambio, **by** sigue siendo obligatorio cuando la cantidad o proporción está calificada por un adjetivo precedido por **a** o **an**:
Prices increased by an average 6%.
Los precios aumentaron un promedio de 6%.
They offered to increase the bonus by a generous 15%.
Generosamente, han ofrecido aumentar la prima un 15%.

28.4.4. *n veces más, n veces menos*
Por lo general, el inglés presenta el siguiente esquema:
Multiplicador mayor que 1 + comparativo de igualdad ⇨ n veces más.

Multiplicador menor que 1 + comparativo de igualdad ⇨ n veces menos

Los multiplicadores mayores que 1 son, entre otros, **twice**, *dos veces*, **three times**, *tres veces* etc.

Los multiplicadores menores que 1 son, por ejemplo, $^1/_4$ **a quarter**, *un cuarto*, $^2/_3$ **two thirds**, *dos tercios* o un porcentaje: **25%, twenty five percent, 66% sixty-six percent.**

Ejemplos:

> **He earns twice as much as John.**
> *Gana el doble que John.*
> **With the fast train, the journey is half as long.**
> *Con el tren rápido, el trayecto dura la mitad.*
> **It will be three times as long by car**.
> *Tomará tres veces más tiempo en auto.*
> **There were 20% as many people as yesterday.**
> *Ayer había 20% menos gente.*

Se encuentra a veces un comparativo directo:

> **We paid 20% more for the same article.**
> *El mismo artículo nos costó 20% más.*
> **This book is twice bigger than the other one.**
> *Este libro es dos veces más voluminoso que el otro.*

Ejercicios del libro II
(Elementos de la oración simple)

I.   Utilizar el artículo A, AN, THE o NADA según el caso
1. His mother is ... teacher.
2. My car does 150 kilometres ... hour.
3. My brother made ... fire in ... garden.
4. I need ... advice.
5. As ... rule, they like like... books.
6. ... moon was shining above ... roofs.
7. ... Treaty of Rome which opens ... Common Market was signed in ... 60's.
8. ... German cars are reliable.
9. ... Doctor Watson met ... Queen Elizabeth.
10. ...Pope played ... cards with ... President of ... United States.

II.   Expresar en plural
1. He caught a big fish.
2. She always travels with very heavy luggage.
3. They observed a strange phenomenon.
4. They needed a go-between to settle their dispute.
5. A passer-by said he distinctly saw a flying saucer.
6. He gave me a ten-dollar bill.
7. A poor man can't be choosy.
8. The Frenchman used to wear a beret.
9. The DJ is well paid in this radio station.
10. Darling, I invited Johnson to dinner tonight.

III.   Completar con FEW, A FEW, LITTLE, A LITTLE según el caso, y luego traducir
1. Can you lend me ... dollars?
2. I wish I had ... more time.
3. There were ... people in the streets.
4. He drinks ... whisky but a lot of brandy.
5. He caught ... pike and one huge carp.
6. Very ... taxis were to be found in town.
7. Please go and buy some butter : there's very ... left.
8. She cooked ... pancakes for breakfast.

9. Give me ... time to do it.
10. I'll take as ... of your time as I can.

IV. Traducir (comparativos, superlativos)
1. El es menos rico que usted.
2. Tiene más dinero que todos nosotros.
3. ¿Eres tan alto como yo?
4. Es el mejor estudiante de la escuela.
5. Esta recámara es más bonita que la de Pedro.
6. Es la casa más agradable que conozco.
7. ¿Vale algo?
8. Hay más museos en Londres que en Berlín.
9. Este es el libro menos interesante que he leído.
10. Es su peor enemigo.

V. Traducir al inglés (el sustantivo y sus complementos)
1. La hermana de mi mejor amigo se casó con el hermano de mi esposa.
2. El barco de tus amigos es magnífico.
3. La esposa de este inglés es médico.
4. Las casas de estos chinos con características.
5. El coche del Sr. Mipp es más grande que el de Jim.
6. La situación de los desempleados es espantosa.
7. Me encontré con él en casa de su tío en Año Nuevo.
8. Conozco la pasión de los ingleses por el cricket y la de los chinos por el juego.
9. Es uno de mis coches.
10. Me dieron el abrigo de otro por error.

VI. Traducir al inglés (adverbios)
1. Voy a comprar otro vestido.
2. Voy a comprar otro vestido más.
3. Quería pedir prestado el coche de alguien.
4. Deberías probarte la corbata de otro.
5. ¿Tiene usted otros libros ingleses?
6. Sí, tengo otros en la tienda.
7. Compraste demasiados huevos y demasiada mantequilla.
8. Está más o menos bien.
9. Está bastante bien.
10. Es demasiado.

VII. Traducir al inglés (recíprocos y reflexivos)

1. Voy a hacerme una taza de té.
2. Mike y Sue ya no se hablan.
3. Los cuatro primos ya no se hablan.
4. Le encantaba rasurarse frente a la ventana.
5. Los niños pequeños no saben vestirse solos.
6. Se han mandado construir una hermosa casa.
7. Cómprate una cajetilla de cigarros de regreso.
8. Trató de matarse.
9. Las dos hermanas se escriben regularmente.
10. Se conocieron en París.

VIII. Completar escogiendo entre las palabras propuestas

1. ... of these will do: they're too big (SOME, NONE, ANY, ONE).
2. I have no idea who ... of them are (NO, ANY, SOME, NONE).
3. Of course I know Peter and Paul: ... are members of our club (THE TWO, NEITHER, EITHER, BOTH).
4. Can you lend me ... money? (NO, ANOTHER, NONE, SOME).
5. He may arrive ... minute now (SOME, ANY, NO, NONE).
6. I had met her ... else (NO, SOMEWHERE, ANY-WHERE, ELSEWHERE).
7. I'll have ... of this fruit cake (ANY, NOT, SOME, NO).
8. ... won't do (NONE, ANYONE, ALL BUT ONE, NOT, ANY).

IX. Completar (comparativos y superlativos)

1. This book is ... interesting of all.
2. This article is the better ... two.
3. John is the (*old*) of Peter's two sons.
4. Is a yard as long ... a metre?
5. Tom has four children; Ann is ... eldest.
6. This room is bigger ... I thought.
7. It's ... good a dictionary as any.
8. There are ... trees on this side than on the other.
9. Our work is more ... more difficult.
10. He's ... organized than his sister.

X. **Traducir** (números y cifras)
1. Ella compró dos docenas de huevos.
2. Vimos cientos de pájaros.
3. Volaban por miles.
4. Docenas de autos quedaron atrapados en el embotellamiento.
5. ¿Cuántos van a comer?
6. El avión despega a las 20:30.
7. Partiremos el 18 de octubre en el tren de las doce y cuarto de la noche.
8. Llegó primero por mucho, tres cuartos de hora antes del segundo.
9. Por enésima vez, te repito que Enrique VIII fue el que creó la Iglesia Anglicana.
10. ¿Cuántos son ochenta multiplicado por doce?

III. LAS ORACIONES SIMPLES

29. Definición

29.1. La oración simple es la unidad de sentido formada por una sola oración:

Jump! *¡Salta!* (verbo en imperativo)
I'm cold. *Tengo frío* (sujeto + locución verbal)
I've bought a second-hand car.
Compré un auto de segunda mano (sujeto + verbo + complemento de objeto directo (COD).
He spent the week-end in his garden.
Pasó el fin de semana en su jardín (sujeto + verbo + COD + complemento de lugar).

29.2. La oración simple puede reducirse a uno solo de sus elementos, dejando sobrentendidos los otros, como en una respuesta breve:

– **Where did he spent his week-end?** – **In his garden**.
– *¿Dónde pasó el fin de semana? – En su jardín.*

30. Respuesta corta con repetición del auxiliar

30.1. En inglés, cuando una pregunta comienza con un auxiliar, por lo general uno no se limita a responder con *sí* o con *no*; se repite el auxiliar:

• en forma positiva después de **yes**,
• en forma negativa después de **no**.

– **Did you see her yesterday?** – **Yes, I did. No, I didn't.**
– *¿La vieron ayer? – Sí. No.*
– **Have they bought it?** – **Yes, they have. No, they haven't**.
– *¿Lo (la) compraron? – Sí. No.*
– **Don't you want it?** - **Yes, I do.**
– *¿No lo quieres? – Claro que sí.*

– You cannot do it. – Yes, I can.

– No puedes hacerlo. – Sí que puedo.

31. Complementos diversos

La oración simple puede comprender una serie de complementos diversos:

He spent his week-end quietly at home before the operation.

Pasó el fin de semana en su casa tranquilamente antes de la operación.

El esquema básico del inglés (que puede ser diferente del español) se resume con la fórmula **SVOMPT**, que es el esquema de la oración declarativa informativa: **Subject, Verb, Object, Manner, Place, Time** (*sujeto, verbo, objeto, modo, lugar, tiempo*). (Ver también la colocación de los adverbios en 32.)

En principio, el complemento de objeto directo se coloca inmediatamente después del verbo:

He speaks English well.

Habla bien inglés.

32. Adverbios del verbo, complementos adverbiales

El verbo puede ir asociado con complementos adverbiales (tiempo, lugar, modo, etc.)

32.1. *Los adverbios cortos de modo* se colocan después del grupo verbo-complemento:

He hit him hard on the head.

Le pegó con fuerza en la cabeza.

Otros se colocan:

• después de un verbo sin complemento:

He slept peacefully.

Dormía tranquilamente.

• antes o después del grupo verbo-complemento:

He quietly took out his gun/He took out his gun quietly.

Sacó tranquilamente la pistola.

32.2. *Los adverbios de tiempo no precisos* (que indican por lo general grados de frecuencia) se colocan:

• entre el sujeto y el verbo cuando es un tiempo simple

We always go there on Tuesdays.

Siempre vamos los martes.

I often do it.

Lo hago con frecuencia.

She never lies.

Ella nunca miente.

salvo en el caso de **be:** entonces se colocan después, excepto cuando se trata de una oración corta y enfática.

She is always at home in the afternoon.

Siempre está en su casa por la tarde.

Pero:

She always is!

¡Siempre está allí!

• después del primer elemento de una forma compuesta por ejemplo, entre el auxiliar y el verbo

I have always believed in him.

Siempre he creído en él.

She will never agree.

Nunca estará de acuerdo.

o el defectivo (o modal) y el verbo

They can also do it.

También pueden hacerlo.

You must never forget.

No debes olvidar nunca.

o después del primer auxiliar cuando se trata de construcciones con dos auxiliares

It has often been said that...

Se ha dicho con frecuencia que ...

Lo mismo ocurre con los adverbios semi-negativos **almost**, *casi*, **nearly**, *casi*, **hardly**, **scarcely**, **barely**, *apenas*, **only**, *sólo*, al igual que **even**, *incluso* y **quite**, *totalmente*.

Nota: es necesario distinguir claramente entre los casos en que **to have** es un verbo pleno (cuando el adverbio se coloca delante):

We now have to go further.
Ahora tenemos que llegar más lejos.
They will always have to do it.
Siempre tendrán que hacerlo.

y aquellos en que se trata del auxiliar **to have** (cuando el adverbio se coloca después):

We have now gone further.
Ahora hemos llegado más lejos.

32.3. *El caso del infinitivo*

• El adverbio de modo o de tiempo se coloca después de él:

He told me to write $\begin{cases} \textbf{often} \\ \textbf{frequently} \end{cases}$.

Me pidió que escribiera $\begin{cases} \textit{a menudo} \\ \textit{con frecuencia} \end{cases}$

• Pero **never** (*nunca*) y **always** (*siempre*) se colocan antes de él:

I promised always to tell the truth.
Prometí decir siempre la verdad.

Nota: en el *split-infinitive* (cf. 12.5), el adverbio se coloca entre **to** y el verbo.

To readily agree, *estar de acuerdo enseguida*.
(forma más bien norteamericana en principio).

32.4. *El caso del imperativo*

• El adverbio de tiempo o de modo se coloca después de él:

Come regularly! *¡Ven con frecuencia!*
Do it now! *¡Hazlo ahora!*
Call soon! *¡Llama pronto!*

• Salvo **never** y **always** que se colocan antes:

Never do it again!
¡Nunca lo vuelvas a hacer!

Always call before coming!
¡Llama siempre antes de venir!

32.5. *Localización en el tiempo* still, already, no longer

32.5.1. Still expresa la continuidad o permanencia de un proceso, un estado, una acción ("proceso" cf. 12.1.1), expresado en forma afirmativa o negativa:
She still works here.
Sigue trabajando aquí.

32.5.2. No debe confundirse con **always** (= *siempre, constantemente, algunas veces*)
She always wears glasses.
Siempre lleva lentes.
She does not always wear glasses.
No siempre lleva lentes.
It is still true. *Sigue siendo cierto.*
I still don't understand.
Sigo sin entender.

32.5.3. Not yet y still not

• **not yet** se inscribe en una continuidad en relación con un punto de referencia en el futuro
The job is not yet finished/The job is not finished yet.
El trabajo todavía no está terminado.
I haven't yet seen her. I haven't seen her yet.
Todavía no la he visto (pero se sobrentiende que la veré).

• **not still** se inscribe en una continuidad en relación con el pasado
They've still not answered.
Todavía no han contestado.

32.5.4. *Nota*: Es posible utilizar **yet** o **still** en una expresión como:
The worst is still to come. *Todavía falta lo peor.*

32.5.5. Already

You should see your doctor.
Deberías ver a un médico.

I've already seen him/I have seen him already.
Ya lo vi (= ya está hecho).

32.5.6. No longer
She no longer lives here. *Ella ya no vive aquí.*
It is no longer the case. *Ya no es así la cosa.*

32.5.7. No longer a veces se sustituye por no more
I thought about it no more.
Ya he dejado de pensar en eso (= se me fue de la mente).

32.5.8. No more se emplea naturalmente sobre todo con sentido cuantitativo:
He's got no more friends. *Ya no tiene amigos.*

32.5.9. No longer puede sustituirse por not ... any longer:
She does not live here any longer.
Ella ya no vive aquí.
o por **not any more**:
He does not work here any more.
Él ya no trabaja aquí.

32.5.10. *Resumen:*
a) **On March 18 it is still winter; it is not yet spring**.
El 18 de marzo, sigue siendo invierno; todavía no es primavera.

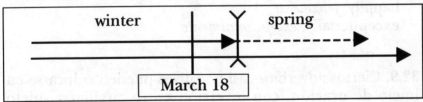

b) **On September 24 it is already autumn; it is no longer summer**.
El 24 de septiembre, ya es otoño; ya no es verano.

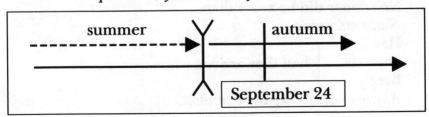

32.6. *Los adverbios de tiempo precisos de varias sílabas:*

yesterday, tomorrow, today etc., igual que **once**, se colocan por lo general después del verbo, pero podemos encontrarlos en inicio de oración.

I saw Peter yesterday /Yesterday, I saw Peter.
Ayer vi a Peter.

• **Late** (*tarde, con retraso*) y **early** (*temprano, adelantado*) se colocan siempre después del verbo.

He arrived late and left early.
Llegó tarde y se fue temprano.

32.7. *Los adverbios de lugar se colocan después del verbo:*

He lives there. *Vive allí.*
I don't see him here. *No lo veo aquí.*

• Lo mismo que los adverbios de cantidad:

They don't drink much.
No beben mucho.
This is what surprises me most.
Esto es lo que más me sorprende.

32.8. *Los adverbios siguientes se colocan después del verbo:*

perhaps, *quizá*
maybe, *puede ser*
sometimes, *a veces*
fortunately, *por fortuna*
happily, *felizmente*
exceptionally, *excepcionalmente*
etc.

32.9. Ciertos adverbios casi negativos pueden colocarse en inicio de oración, con inversión entre auxiliar y sujeto (véase 39.4):

Never had I heard...
Nunca había yo oído...
No sooner did he see it than...
Nada más verlo...
Hardly
Scarcely } **had they arrived when...**
Barely
Apenas habían llegado cuando...

32.10. Los adverbios largos se colocan con más flexibilidad que los cortos. En caso de duda, pueden situarse al final de la oración.

We progressively arrived at this conclusion.
We arrived progressively at this conclusion.
We arrived at this conclusion progressively.
Progresivamente fuimos llegando a esta conclusión.

32.11. So como adverbio = *tan, entonces, por ello*, se coloca delante del grupo sujeto-verbo, sin importar que el tiempo sea simple o compuesto.

So we decided to...
Así que decidimos...
So they will pay...
Por ello van a pagar...

Atención: en el caso de **to do so**, **to think so** etc., **so** funciona como pronombre, y se coloca después del verbo.

I think so.
Eso creo.

32.12. Also, *también, igualmente,* se comporta como los demás adverbios de modo: antes de un verbo con tiempo simple, entre el auxiliar y el verbo cuando el tiempo es compuesto.

I also saw a blue one.
I have also seen a blue one.
También vi uno azul/También he visto uno azul.

Pero puede colocarse después en casos como:

I saw it also.
Yo lo vi también.

32.13. Too se coloca después de la palabra a la que califica y según la insistencia que quiera marcar el hablante:

I saw it too.
Yo lo vi también.
I, too, saw it.
También yo lo vi.

Nunca se coloca entre el auxiliar y el verbo.

33. La oración simple negativa

33.1. Una oración simple es negativa cuando uno solo de sus elementos lleva una marca de negación:

Nobody has seen him.
Nadie lo ha visto. (sujeto negativo)
I have never seen anything like that.
Nunca he visto nada igual. (adverbio negativo **never** que califica al verbo)
I don't know.
No sé. (forma negativa del verbo)
You can't say that.
No puedes decir eso. (forma negativa del auxiliar)
They know nothing.
No saben nada. (complemento de objeto directo negativo)

• En principio, no existe doble negación en inglés. Allí donde el español dice:

Nadie sabía nada al respecto.

el inglés pone:

Nobody knew anything about it.

• Dos negaciones dentro de la misma oración en principio se anulan entre ellas:

<u>No</u> teacher has <u>never</u> made a mistake.
No existe el maestro que nunca haya cometido un error (esto es, todo maestro comete un error en algún momento).

33.2. No y Not

• **No** puede considerarse como un determinante negativo (o artículo negativo) del sustantivo. **Not** es un adverbio negativo, que califica al verbo, al adjetivo o al adverbio:

He is not a doctor. *El no es médico.* (Ejerce otra profesión. La negación califica la relación **He = doctor**.)

He is no doctor. *Como médico no vale nada.* (Lo que se niega es la calidad de '**doctor**'. Por más que tenga el título, no es un médico digno de serlo.)

He is no good at languages.
No sirve para los idiomas. (**Good** aquí es adjetivo)
That's no good.
Eso no sirve. (**Good** aquí es sustantivo)
It's no use. *Es inútil.*
It's not particularly useful.
No resulta especialmente útil.
There is no denying that...
No se puede negar que... (**no** + sustantivo verbal)

---

34. La oración interrogativa y los interrogativos

34.1. Una oración declarativa puede transformarse en interrogativa. Cuando la interrogación se refiere a la totalidad de la oración (esto es, a la relación entre sujeto y grupo verbal o predicado) e implica una respuesta del tipo **yes/no/don't know,** se dice que es una pregunta *cerrada*.

Cuando la interrogación se refiere a ciertos elementos de la oración (no es posible prever la respuesta), se dice que es una pregunta *abierta*.

34.2. Una pregunta cerrada comienza con un verbo en su forma interrogativa, esto es, por el auxiliar de la conjugación (cuando es necesario) seguido por el sujeto.

Do you know him?
¿Lo conoces? (el auxiliar **do** con cualquier verbo normal)
Will you go to London?
¿Vas a ir a Londres? (**will** como auxiliar del futuro)
Has John ever met them?
¿John ya los conoce? (**has**, como auxiliar del **present perfect**)
May I help you?
¿Puedo atenderle en algo? (**may**, como auxiliar de modalidad)
Is it true?
¿Es cierto? (conjugación de **be** sin auxiliar)

34.3. Las preguntas abiertas se forman usando los siguientes operadores (que se suelen colocar en inicio de oración): **who**, **whom**, **what**, **which**, **whose**, **when**, **where**, **why**, **how**.

34.4. who, what, which como *pronombres interrogativos sujeto*

Cuando la oración interrogativa se introduce con un pronombre interrogativo sujeto, como lo muestran los ejemplos siguientes, no se usa el verbo en su forma interrogativa (inversión del auxiliar y el sujeto).

a) **who**: se refiere un masculino/femenino singular o plural.

Who wants a piece of cake?
¿Quién quiere un pedazo de pastel?
Who is your best friend?
¿Quién es tu mejor amigo?

b) **what**: se refiere a un neutro, singular o plural.

What happened?
¿Qué pasó?
What is the news?
¿Que hay de nuevo?
What are the main rivers of Great Britain?
¿Cuáles son los principales ríos de Gran Bretaña?

c) **which** permite identificar uno de los elementos dentro de un conjunto determinado, elegir dentro de un conjunto de elementos conocidos y determinados, neutros, masculinos o femeninos, en singular o plural; como pronombre, **which** suele ir seguido de **of** + pronombre personal plural, o grupo nominal determinado.

Which of them arrived first?
¿Cuál de ellos llegó primero?
Which of you has opened the door?
¿Quién de ustedes abrió la puerta?
Which of my friends did they invite?
¿A cuál(es) de mis amigos invitaron?

34.5. Who, what, which como *pronombres interrogativos complemento*

Los pronombres interrogativos complemento se colocan en inicio de oración, incluso cuando son indirectos. En ese caso, la preposición correspondiente se relega al final de la oración. El verbo se usa en forma interrogativa.

Who did you see?
¿A quién viste?
Who does she go out with?
¿Con quién sale?
What did you do, then?
¿Qué hicieron entonces?
What did you hit him with?
¿Con qué le pegaste?
Which of them do you prefer?
¿Cuál(es) prefieres?

34.6. *Notas sobre los pronombres interrogativos*

• **Whom** no se emplea casi nunca como pronombre interrogativo.

• Nótese que, hablando de una persona, la pregunta **Who is he?** indica que se desea conocer su identidad. La pregunta **What is he?** indica que se desea conocer su profesión o función.

• Obsérvense las dos expresiones **Who is who?** y **Which is which?** (= *¿Quién es quién? ¿Cuál es cuál?*)

34.7. What y **which** pueden emplearse como *adjetivos interrogativos*

• **What** se asocia con un sustantivo:

What brand of cigarettes do you smoke?
¿Qué marca de cigarros fumas?
What birds cannot fly?
¿Cuáles son las aves que no pueden volar?

• **Which** se asocia con un sustantivo o con los pronombres indefinidos **one/ones**:

Which picture did they steal?
¿Cuál cuadro se robaron?
Which ones do you prefer?
¿Cuáles prefieres?
Which ones have they found?
¿Cuáles han encontrado?

Observamos que el verbo no se usa en forma interrogativa cuando **which** y **what** forman parte del sujeto.

34.8. Whose, que es el genitivo (caso posesivo) de **who** y de **which**, permite hacer una pregunta sobre el complemento determinativo (complemento del sustantivo).
Puede emplearse como *pronombre*:

Whose is this? *¿De quién es?*
Whose is this coat? *¿De quién es este abrigo?*

Pero se emplea más a menudo como *adjetivo* unido a un sustantivo:

Whose coat is this?
¿De quién es este abrigo?
Whose car did they steal?
¿De quién era el auto que se robaron?
Whose car broke down just after the start?
¿De quién era el auto que se descompuso justo después de la salida?

El último ejemplo muestra que, cuando **whose** forma parte del grupo sujeto, el verbo no se usa en forma interrogativa.

• Nótese el empleo de **whose** después de una preposición colocada en el inicio de la oración interrogativa:

In whose car did they come?
¿En qué auto vinieron? (= en el auto de quién)

34.9. *Los adverbios interrogativos* **when, where, why, how**, permiten formar oraciones interrogativas relacionadas con el complemento de tiempo (**when**), de lugar (**where**), de causa (**why**), de modo (**how**).

a) **when**
When will you do it? *¿Cuándo lo harás?*

El futuro es perfectamente compatible con el *adverbio interrogativo* **when**.

• Nótense las dos expresiones:
Since when? *¿Desde cuándo?*
Until when? *¿Hasta cuándo?*

b) **where**
Where did you find it?
¿Dónde lo encontraste?

c) **why**
Why did they do that? *¿Por qué lo hicieron?*

• Atención: La pregunta que plantea **why** requiere una respuesta del tipo **because** (*porque* con idea de causa).

    – **Why did they stop?**
    – **Because it was too dark.**
    – *¿Por qué se detuvieron?*
    – *Porque estaba demasiado oscuro.*

• No debe confundirse con la pregunta que plantea **what for**, a la cual puede contestarse con **to**, **in order to**, etc. (idea de finalidad).

    – **What do they learn foreing languages for?**
    – **To get jobs abroad.**
    – *¿Para qué aprenden idiomas?*
    – *Para encontrar trabajo en el extranjero.*

34.10. How; how + *adjetivo/adverbio*

a) **How** = en qué forma, cómo
    How do you cook lobsters?
    ¿Cómo cocinas las langostas?

b) **How** también permite preguntar sobre el grado de intensidad de un adjetivo o adverbio.

• **How much** (cantidad en singular):
    How much do you earn? *¿Cuánto ganas?*

• **How many** (cantidad en plural):
    How many brothers have you got?
    ¿Cuántos hermanos tienes?

• **How long** (duración):
    How long did you stay in New York?
    ¿Cuánto tiempo te quedaste en Nueva York?

• Atención: A la pregunta que comienza con **how long** se responde con una expresión de duración:

    – **How long did you work for them?**
    – **I worked for them for three years.**
    – *¿Cuánto tiempo trabajaste para ellos?*
    – *Trabajé para ellos tres años.*
    – **How long will it take?**
    – **Ten minutes.**
    – *¿Cuánto tiempo tomará?*
    – *Diez minutos.*

En cambio, se puede responder a la pregunta **when** con una indicación de período, como, por ejemplo **during** + sustantivo:

– **When did you stay there? – During the war**.

– *¿Cuándo viviste allí? Durante la guerra.*

• **How often** (frecuencia):

How often does he write to you?

En español corriente se diría en este caso:

¿Qué tan seguido te escribe?

• Otros ejemplos:

How old are you? *¿Qué edad tienes?*
How deep is the lake? *¿Qué profundidad tiene el lago?*
How far is it? *¿Qué tan lejos está?*
How bad was it? *¿Qué tan grave fue?*

34.11. Los pronombres o adverbios interrogativos pueden estar asociados con **else** (cf. 25).

What else could I do?
¿Qué más podía yo hacer?
Who else did you see?
¿A quién más viste?
Where else will you go?
¿A dónde más vas a ir?

35. La oración interrogativo negativa

35.1. Mientras que la oración interrogativa cerrada plantea una pregunta que se responde con **yes/no/don't know**, la oración interrogativo negativa cerrada no es una verdadera pregunta. Se trata de una petición o solicitud de confirmación.

– **Isn't it true? - It is.**

– *¿No es cierto? - Sí, claro.*

– **Didn't he tell you? - No, he didn't.**

– *¿No te lo dijo? No, no me lo dijo.*

– **Was not the man drunk at the time? - He was.**

– *¿Acaso el hombre no estaba borracho en ese momento?*
– *Sí (lo estaba).*

35.2. *Notas*:

• La respuesta breve a estas interrogativo negativas se construye repitiendo el verbo (o el auxiliar) empleado en la pregunta, con o sin la negación, según el sentido de la respuesta, que es o no una confirmación.

• Cuando no se emplea la contracción del verbo, el sustantivo sujeto se coloca después de la negación, mientras que el pronombre sujeto se sitúa delante de ella.

Was not Nelson killed at the battle of Trafalgar?
¿Acaso Nelson no murió en la batalla de Trafalgar?
Was he not killed at the battle of Trafalgar?

---

36. Los apéndices de oración negativos (cláusulas interrogativas 'question tags')

36.1. Los **'tags'** de signo opuesto al de la oración: se repite el verbo (o auxiliar) en forma negativa si la oración es afirmativa positiva; en forma afirmativa si la oración es negativa.

You like whisky, don't you?
¿Te gusta el whisky, no?
You don't speak German, do you?
¿Tú no hablas alemán, o sí?

La entonación es muy importante.

• Si la entonación es ascendente, la cláusula es una verdadera pregunta, aunque uno ya tenga idea de la respuesta.

You spent the week-end in London, didn't you?
(didn't you _____ ／)
Pasaste el fin de semana en Londres, ¿verdad?

• Si la entonación es descendente, la cláusula refuerza el valor de la afirmación.

It's cold, isn't it? (isn' it ＼)
Hace frío, ¿no?

36.2. *Notas*:

a) Las contracciones son obligatorias con los **'tags'**.

b) La contracción que corresponde a **Am I not?** es **Aren't I?**

c) El verbo auxiliar **used to** se retoma con **did:**

He used to to go there everyday, didn't he?
Iba allí todos los días, ¿verdad?

d) Los '**tags**' sólo pueden construirse con pronombres personales o **there:**

Those boys are tired, aren't they?
Estos muchachos están cansados, ¿no?
There is no further question, is there?
No hay más preguntas, ¿verdad?

e) Ciertos términos con sentido casi negativo se construyen por lo general con '**tags**' positivos.

• **Hardly**:

You could hardly hear me, could you?
Apenas me oías, ¿verdad?

• **Little**:

You know little about it, do you?
¿Tú no sabes gran cosa al respecto, ¿verdad?

• **Few**:

There were few people, were there?
¿No había mucha gente, ¿verdad?

36.3. Los '**tags**' del mismo signo se usan para expresar una reacción de sorpresa, duda, ironía, irritación, etc. La entonación es descendente.

He told you that, did he?
¡Así que te dijo eso!

Esta cláusula puede ir asociada con una primera repetición del verbo (o auxiliar) para reforzar la expresión de sorpresa o incredulidad.

– **I have been given the sack.**
– **Oh, you have, have you?**
– *Me corrieron.*
– *¿De veras? ¿Te corrieron?*
– **I had tea with the Queen.**
– **Oh, you had, had you?**
– *Fui a tomar el té con la Reina.*
– *¿Con la Reina? ¡No me digas!*

37. Las oraciones simples coordinadas

37.1. Dos oraciones simples pueden unirse con una conjunción de coordinación; las más comunes son: **and, neither, nor, not ... either, so, yet, but, or, either ... or, neither ... nor, not only ... but also.**

37.2. And

Peter got back to his office and shut the window.
Peter regresó a su oficina y cerró la ventana.

Cuando los verbos de las dos oraciones coordinadas tienen el mismo sujeto, éste no se suele expresar delante del segundo.

Atención:

Peter came back to his place, and his secretary shut his window.
Peter regresó a su lugar y su secretaria cerró la ventana.

En este caso, la coma es obligatoria.

• **And** puede unir dos infinitivos o imperativos.
No se suele repetir **to** delante del segundo infinitivo coordinado al primero con **and**.

They decided to sell their old car and buy a new one.
Decidieron vender su auto viejo y comprar uno nuevo.
Come and see me tomorrow.
Ven a verme mañana.
You must try and open this door.
Tienes que tratar de abrir esta puerta.

• En cambio, para las demás formas verbales, la relación debe expresarse con el **to** del infinitivo.

They came to see us the other day.
Vinieron a vernos el otro día.
They tried to open the door.
Trataron de abrir la puerta.

37.3. Neither (o nor, o not ... either) se emplean para coordinar dos oraciones negativas:

I didn't buy it, neither did I steal it.
No lo compré, ni tampoco lo robé.

Neither (o **nor**) en inicio de oración lleva a invertir el auxiliar y el sujeto. Pero diremos, sin inversión:

I didn't buy it, and I didn't steal it either.

37.4. So

It was late, so we decided to stop.
Ya era tarde, así que decidimos detenernos.

En este caso, se puede usar (**and**) **therefore** (*por lo tanto*).

37.5. Yet (*o and yet*)

He's got a lot of money. Yet, he leads a simple life.
Tiene mucho dinero; sin embargo, lleva una vida sencilla.

37.6. Or

Do you prefer to go, or do you want to stay?
¿Prefieres irte o quieres quedarte?

37.7. Either ... or; neither ... nor

Either ... or permite coordinar los dos términos de una alternativa positiva:

Either you take it or you leave it.
O lo tomas o lo dejas.

Se trata de una forma enfática, lo cual explica la presencia del sujeto delante del segundo verbo.

Neither ... nor se usa cuando los términos son negativos:

She neither smokes nor drinks.
Ni fuma ni bebe.

Observamos que no se repite el sujeto delante del segundo verbo. Pero también encontraremos la forma enfática siguiente:

Neither does she smoke, nor does she drink.

37.8. Not only ... but also

Not only en inicio de oración obliga a invertir el auxiliar y el sujeto.

Not only did he win the race, but he also beat the record.
No sólo ganó la carrera, sino que también rompió el record.

38. La oración exclamativa

Los dos tipos más comunes de oraciones exclamativas son aquellas que se construyen con el grupo nominal y las que se construyen con el adjetivo o adverbio.

Con el sustantivo o grupo nominal, los operadores son **what** y **such**.

38.1. What

What a beautiful day!
¡Qué día tan hermoso!
What beautiful flowers you've sent her!
¡Qué flores tan hermosas le enviaste!
What a lovely house you have!
¡Qué casa tan hermosa tienes!
What courage it must take!
¡Qué valiente hay que ser!

Nótese que, en relación con la oración de base, el complemento de objeto se ha desplazado antes del verbo. También observamos que no puede expresarse el verbo **be**:

What a beautiful day (it is)!

38.2. Such

He is such a fool! *¡Qué loco!*
He is such a funny chap! *¡Es un tipo tan divertido!*
It is such great fun! *¡Es tan divertido!*
We had such a surprise! *¡Nos sorprendió tanto!*

Notaremos la colocación de **such** (como la de **what**) delante del grupo nominal (incluyendo el artículo indefinido cuando éste es necesario delante de un sustantivo contable en singular):

What a beautiful day! *¡Qué día tan hermoso!*
Such a funny chap! *¡Un tipo tan divertido!*

El ejemplo **We had such a surprise!** puede compararse con **What a surprise we had!** Vemos la modificación que provoca **what** en el orden de la oración. Observamos también que **such**, a diferencia de **what**, no refiere a un elemento, sino a un *tipo* o *conjunto*.

38.3. How y **so** son los operadores que se usan con el adjetivo o adverbio.

> **How odd!** *¡Qué extraño!*
> **How happy you must feel!** *¡Qué feliz te sentirás!*
> **How beautiful this sunset was!** *¡Qué hermoso estuvo el atardecer!*

Observaremos:

1) el cambio de colocación del adjetivo, inmediatamente después de **how** en inicio de oración,

2) la posible ausencia de **be: how odd (it is)!**

3) que la exclamación **how** + adjetivo o adverbio no provoca la inversión de auxiliar y sujeto (es posible en lengua poética y literaria: **How green was my valley!** *¡Qué verde era mi valle!*)

38.4. So

> **She is so generous!** *¡Es tan generosa!*

Existe una variante familiar:

> **They are ever so kind!** *¡Son realmente tan amables!*

---

39. Inversión auxiliar-sujeto

La inversión del sujeto y el verbo (auxiliar o **do/does/did**) es obligatoria en los casos siguientes:

39.1. Para construir la forma interrogativa:

> **Do you smoke?** *¿Fumas?*
> **It is true?** *¿Es cierto?*

39.2. Con los adverbios en principio de oración, cuando el sujeto es un sustantivo (**here** y **there** son los más frecuentes):

> **Here is your mail**. *Aquí está tu correspondencia.*
> **There goes the last bus.** *Allí se va el último autobús.*

(Pero diremos: **here it is; there it goes**.)

39.3. Con **there** (no acentuado) empleado con **be** (o sus sustitutos **seem, exist**...):

> **There is something funny about it.**
> *Hay algo raro en eso.*
> **There seems to be no doubt about it.**
> *No parece haber duda al respecto.*
> **There exist two solutions.**
> *Existen dos soluciones/Hay dos soluciones.*

(Nótese la concordancia del verbo con el sujeto que le si-gue, situación que en español sucede con existir, pero no con los impersonales haber y parecer).

39.4. Cuando la oración comienza con un adverbio negati-vo o restrictivo (los principales son **hardly (... when), in no case, in vain, little, never, no sooner (... than), not only, nowhere, rarely, scarcely, seldom** (encontramos también la locución conjuntiva **not until**):

> **Never have I seen such a funny thing.**
> *Nunca he visto nada tan cómico.*
> **Hardly had he turned the key when the bomb exploded.**
> *Apenas acababa de dar vuelta a la llave, cuando explotó la bomba.*

39.5. Después de las conjunciones de coordinación negati-vas **neither** y **nor**:

> **He doesn't speak Russian; neither do I.**
> *El no habla ruso, ni yo tampoco.*
> **They will not go, nor will you.**
> *Ellos no irán, ni ustedes tampoco.*

39.6. Después de **so** + auxiliar cuando reproduce un verbo anterior construido con un sujeto diferente:

> **I like dogs and so do lots of people.**
> *A mí me gustan los perros, y a mucha gente también.*
> **You have already seen it, and so have I.**
> *Ya lo has visto, y yo también.*

También encontramos esta inversión con **as** (= **and so**):

> **Power stations have been destroyed, as have at least thirty bridges.**
> *Han sido destruidas las centrales eléctricas, al igual que treinta puentes, por lo menos.*

Atención: No debe confundirse esta construcción con **so +** sujeto + auxiliar, que confirma una afirmación anterior:

A: **You left the door open**.
B: **So I did**.
A: *Dejaste la puerta abierta*.
B: *Es cierto*.

(El sujeto **you**, nombrado por A es el mismo que, en B, dice **I**.)

A: **You have been to London this week**.
B: **So I have**.
A: *Fuiste a Londres esta semana*.
B: *En efecto*.

39.7. En las oraciones que expresan un deseo con el auxiliar **may**, así como en ciertos giros con el subjuntivo:

May you be right! *¡Ojalá tengas razón!*
Much good may it do to you! *¡Que te aproveche!*
So be it! *¡Así sea!*
Be that as it may... *Sea lo que sea...*
Come what may. *Venga lo que venga.*

39.8. En ciertas oraciones hipotéticas (véase 48.2). Se trata de un giro estilístico rebuscado:

Had I been warned = If I had been warned.
Si me hubiesen advertido.

39.9. Cuando pasa a inicio de oración un complemento de lugar, cuando el sujeto es un sustantivo:

From Italian ski areas comes similar good news.
De las zonas de esquí de Italia nos llegan las mismas buenas noticias.

40. Concordancias particulares

En inglés, ciertas concordancias no siguen la lógica aparente que uno esperaría. He aquí las más comunes:

40.1. More than one va seguido por un verbo en singular:

More than one sailor fears the Horn.
Más de un marino teme al Cabo de Hornos.

40.2. Neither of va seguido en principio por un verbo en singular:

Neither of his parents is French.
Ni su padre ni su madre son franceses. (literalmente: ninguno de sus progenitores es francés).

40.3. Someone, **everybody**, etc. van seguidos por un verbo en singular, que se reproduce, sin embargo, por medio de pronombres o posesivos en plural.

Everybody crossing that bridge does so at their own risk.
Cualquiera que cruce este puente lo hace por su cuenta y riesgo.
You describe someone as a dear when you are found of them.
Llamas a alguien 'querido' cuanto le tienes cariño.

40.4. Los sustantivos que designan a un grupo de individuos como **family**, **team** (*equipo*), **crew** (*tripulación*), **staff** (*personal*), **management** (*dirección*), **government**, etc., pueden concordar con un verbo en singular, y se reproducen entonces por medio de un neutro singular (**it**, **it's**), o con uno en plural, y se reproducen por **they**, **them**, **their**.

The family takes out its car for a tour.
La familia saca su auto para dar una vuelta.
The staff are not satisfied with their wages.
El personal no está satisfecho con su sueldo.

40.5. Una cifra (distancia, duración, suma de dinero) se maneja como singular:

Ten thousand dollars is a lot of money.
Diez mil dólares es mucho dinero.

Esto explica por qué un nombre de país con forma plural concuerda con un verbo en singular:

The United States is a powerful country.
Estados Unidos es un país poderoso.

40.6. De igual manera, una cantidad o un grupo se identifican o presentan con la expresión **it is**, **it was**, etc.

It is ten years, *hace diez años.*

Two and two is four, *dos y dos son cuatro.*

It is the Americans who were the first on the moon.
Fueron los norteamericanos los primeros en llegar a la luna.

40.7. Cuando cada elemento de un grupo posee una cosa en forma individual, ésta se expresa en plural:

The firemen arrived with their helmets on their heads.
Los bomberos llegaron con los cascos puestos/con el casco puesto.

IV. LAS ORACIONES COMPUESTAS

Una oración compuesta es la unión de un conjunto de dos (o más) oraciones simples, una de las cuales es la principal. En ésta se articulan las oraciones subordinadas, que se identifican por su término característico: se distinguen las oraciones identificadas por pronombres, adjetivos o adverbios *relativos*, oraciones identificadas por pronombres, adjetivos o adverbios *interrogativos*, oraciones introducidas por una *conjunción de subordinación*, oraciones con verbo en *participio*, y oraciones con verbo *infinitivo*.

41. Las oraciones de relativo y los relativos

Se distinguen dos tipos de oraciones de relativo:

• aquella que permite identificar con precisión la palabra con la cual se relaciona (su antecedente) al proporcionar una información característica que la define:

I know the man who phoned you yesterday.
Conozco al hombre que le llamó ayer por teléfono.

• la oración de relativo no determinativa, que no aporta más que una información complementaria, no esencial:

My sister, who hates writing letters, phones me every week.
Mi hermana, que odia escribir cartas, me llama por teléfono cada semana.

No se trata de identificar a una hermana que odia escribir en relación con otra. En principio, la oración no determinativa debe separarse con una coma.

41.1. *Los pronombres relativos* who y whom
El antecedente de **who** puede ser masculino o femenino, singular o plural. Se emplea como sujeto o como complemento del verbo de la oración de relativo.

I know the boy who has written this song.
Conozco al muchacho que escribió esta canción.
It's the lady who you want to see.
Es la señora que quieres ver.

Notas importantes: puede omitirse el relativo **who** cuando es complemento. **Whom** ya no se emplea actualmente como relativo complemento en la lengua cotidiana, excepto cuando la oración de relativo se introduce con una preposición:

This is the lady to whom you want to talk.
Es la señora con la que quieres hablar.

Esto se encuentra generalmente en un estilo rebuscado. Por lo general, diremos:

This is the lady you want to speak to.

Otro ejemplo:

I met the boy Jane used to go out with (en lugar de **the boy with whom...**).
Me encontré al muchacho con el que solía salir Jane.

41.2. El *pronombre* **which** tiene como antecedente un sustantivo neutro. Es sujeto o complemento del verbo de la oración de relativo.

The dog, which was in the garden, had heard them.
El perro, que estaba en el jardín, los había oído.
I have read the book which you have just mentioned.
He leído el libro que acabas de mencionar.

Which como complemento se omite casi siempre:

I have read the book you were referring to.
He leído el libro al que te referías.

41.3. Whose como *pronombre relativo*, es el genitivo de **who** y **which**, esto es, introduce un complemento genitivo y puede tener como antecedente sustantivos masculinos, femeninos o neutros.

The man whose dog bit me was fined $ 20.
El dueño del perro que me mordió tuvo que pagar 20 dólares de multa (literalmente *el hombre cuyo perro me mordió, ...*).
I noticed a house whose windows were open.
Me fijé en una casa con las ventanas abiertas (literalmente *una casa cuyas ventanas estaban abiertas*).

Atención: **Whose** es un determinante del sustantivo que le sigue inmediatamente y excluye cualquier otro determinante (artículo, posesivo, demostrativo):

The windows of the house ⇨ **the house whose windows.**

Pero encontraremos, por ejemplo:

He is a happy father, whose many children are all doing well.

Es un padre feliz pues sus muchos hijos van bien todos. (literalmente *cuyos numerosos hijos ...*)

41.4. Whose, of which/of whom

Como **whose** equivale al caso posesivo, no puede emplearse cuando no existe una relación de posesión, como en los casos de pertenencia de una parte o elemento a un conjunto.

Several prisoners escaped, most of whom were caught a few days later.

Escaparon varios prisioneros, la mayoría de los cuales fueron capturados unos días después.

There was an inscription on the stone, the first words of which he could not understand.

En la piedra había una inscripción, cuyas primeras palabras no comprendía.

They gave me an apple half of which was rotten.

Me dieron una manzana, la mitad de la cual estaba podrida.

41.5. That, *pronombre relativo*, tiene como antecedente un masculino, femenino o neutro. Puede ser sujeto o complemento y se emplea en lugar de **who/whom/which**, en las oraciones determinativas. No puede emplearse en una oración de relativo no determinativa. **That** no posee un genitivo propio, y como pronombre relativo, no puede ir precedido por una preposición. Puede omitirse cuando está en función de complemento.

El empleo de **that** es obligatorio cuando el antecedente es un pronombre indefinido que remite a una totalidad:

All that glitters is not gold.

No todo lo que brilla es oro.

Everything that was said was true.

Todo lo que se dijo era cierto.

Para los demás casos (cuando no remite a un conjunto) se emplea **which** (en función de sujeto).

It is something which can be useful.

Es algo que puede resultar útil.

It is something (which) you will not like.
Es algo que no te va a gustar.

That se emplea de preferencia después de antecedentes calificados por un superlativo, o después de un adverbio restrictivo (**only**, etc.):

He is the only one that could do it.
Es el único que podría hacerlo.
He was the best surgeon that could be found in the country.
Era el mejor cirujano que se pudiera encontrar en el país.
(no olvidemos que **first** y **last** son superlativos).

41.6. *Omisión de los relativos* who/whom/which/that

No es posible omitir el relativo sujeto. El relativo complemento del verbo de la subordinada puede omitirse en el inicio de una oración determinativa.

It is the man you wanted to talk to.

Pero el relativo complemento no puede omitirse en una oración no determinativa:

Mrs. Smith, whom nobody had seen before, was chosen as chairwoman.
La señora Smith, a quien nadie había visto antes, fue nombrada presidente.

41.7. What

a) What es un relativo con el antecedente integrado (**what = that which**). Tiene una doble función: una en la oración principal y otra en la subordinada:

What you think does not matter.
Lo que usted piense no tiene importancia.

What es el complemento de **think** y sujeto de **does not matter.**

I don't know what you are talking about.
No sé de qué estás hablando.

What es complemento de **know** y de **talking about.**

He told me what happened.
Me dijo lo que pasó.

What es complemento de **told**, sujeto de **happened.**

What, con antecedente integrado, no puede tener otro antecedente. Por ello hay que usar **all that** (*todo lo que*).

b) What puede funcionar como *adjetivo relativo*, esto es, asociado con un sustantivo:

> **They spent what money they had.**
> *Se gastaron todo el dinero que tenían.*

Usado así, **what** a menudo va acompañado por el adjetivo calificativo **little**:

> **They spent what little money they had.**
> *Se gastaron el poco dinero que tenían.*
> **They managed to use what little wind there was.**
> *Lograron utilizar el poco viento que había.*

41.8. What y which

Comparemos las dos oraciones siguientes:

a) He did not understand what was frightening.

b) He did not understand, which was frightening.

En la oración **a)**, **what** es a la vez complemento de **understand** y sujeto de **was frightening:** *No comprendía lo que lo asustaba* (= había algo que lo asustaba, que no comprendía).

En la oración **b)**, **which** no tiene más que una función, la de sujeto de **was frightening**; desde el punto de vista del sentido, reproduce la oración precedente **he did not understand:** *No comprendía, lo cual lo asustaba* (= y el hecho de no comprender era lo que lo asustaba).

Este **which** recuerda un relativo de vínculo, y puede parafrasearse como "**and this**"; corresponde al español *lo que/ lo cual*, que puede a su vez parafrasearse como *cosa que*.

En la oración siguiente:

> **We've got long holidays, which is very pleasant.**
> *Tenemos vacaciones largas, lo cual es muy agradable.*

la concordancia **which is** muestra justamente que el antecedente de **which** no es el sustantivo plural **holidays**.

El relativo de vínculo **which** va obligatoriamente precedido por una coma.

41.9. *Los relativos específicos* where, when, how, why

Estos relativos son específicos porque no pueden tener como antecedente más que términos que se refieran a una noción de lugar (**where**), de tiempo (**when**), de modalidad (**how**), o de causa (**why**). Pueden emplearse como *pronombres* (con antecedente) o como *adverbios* (sin antecedente).

a) where

> **He died in the house where he was born**.
> *Murió en la casa donde nació.*
> **They found him where he had fallen**.
> *Lo encontraron donde había caído.*

b) when

> **We'll arrive at 12, when we'll have lunch**.
> *Llegaremos a las 12, hora en que comeremos.*
> **The day will come when you will regret it**.
> *Llegará el día en que te arrepientas.*
> **This was when it all began**.
> *Fue el momento cuando todo comenzó.*

Notas:

when como relativo es perfectamente compatible con un futuro en la oración subordinada.

when se sustituye a veces por **that** (o se omite simplemente) cuando su antecedente está constituido por palabras como **day, month, year, moment**, etc.

> **It happened the day I lost my watch**.
> *Ocurrió el día en que perdí mi reloj.*

c) how rara vez se emplea con un antecedente. Se usa sobre todo como *adverbio relativo*, y en muchos casos se sustituye por **the way**:

> **I don't like the way they speak**.
> *No me gusta su forma de hablar.*
> **He had forgotten how to do it**.
> *Había olvidado cómo hacerlo.*
> **This is how it should be done**.
> *Así es como hay que hacerlo.*

d) why no puede tener más que un antecedente: **the reason**

> **Can you guess the reason why he resigned?**
> *¿Puedes adivinar la razón por la cual renunció?*

41.10. *Los relativos terminados con -ever*

El sufijo **-ever** permite generalizar al pronombre o adjetivo con el cual va unido

a) whoever

Whoever answered the phone was very charming.
Quienquiera que haya contestado el teléfono fue encantador.
You can give it to whoever you like.
Se lo puedes dar a quien tú quieras.

b) whatever

You can think whatever you want.
Puedes pensar lo que quieras.

Funciona también como *adjetivo relativo* (seguido por un sustantivo):

I had to rely on whatever books were lying around.
Tuve que sacar partido de los libros que había por allí.

Whatever se coloca después del sustantivo al cual califica en una oración negativa, cuando el sustantivo va precedido de **any**, o después de **nothing**.

They have no reason whatever to complain.
No tienen ninguna razón para quejarse.
He knew nothing whatever about it.
No sabía absolutamente nada al respecto.

c) whichever permite generalizar dentro de un conjunto limitado y conocido.
Como adjetivo:

You can have whichever book you like best.
Puedes tomar el libro que prefieras, cualquiera que sea.

Sin antecedente (como pronombre):

You can take whichever you like best.
Puedes tomar el que prefieras, cualquiera que sea.

41.11. *Usos de* **as**, **than**, **but** *como relativos*

Es claro que la ausencia aparente de sujeto o complemento en las oraciones siguientes permite comparar el funcionamiento de **as**, **than** y **but** con el de los relativos:

a) same ... as

He did exactly the same as John did.
Hizo exactamente lo mismo que John.
She was staying at the same hotel as I was.
Se alojaba en el mismo hotel que yo.

b) such ... as permite referirse a un conjunto definido por la oración que le sigue (= **those kinds of ... who/which**):

They planted such shrubs as need little water.
Plantaron ese tipo de arbustos que requieren poca agua.

c) Nótense también las expresiones siguientes:

As was said before, there was plenty of time.
Como ya se había dicho antes, había tiempo de sobra.
As we said before, there was plenty of time.
Como ya lo habíamos dicho antes, había tiempo de sobra.

Vemos claramente que **as** es el único sujeto posible en **as was said before**, y el único complemento posible en **as we said before**, a diferencia del español: *como ya se había dicho/como ya lo habíamos dicho.*

d) than funciona de la misma manera:

It was much more difficult than I had imagined.
Fue mucho más difícil de lo que había yo pensado.
There came fewer people than we expected.
Vinieron menos personas de las que esperábamos.

e) but, en un estilo muy rebuscado, puede emplearse como relativo después de una oración principal negativa:

There was not one of us but had heard that before.
No había ninguno de nosotros que lo hubiese escuchado antes.

41.12. *La oración de relativo doble (dos verbos introducidos por un relativo)*

a) They think this man has killed the policeman. They are looking for him.

b) He sang one of those blues. You said you loved them so much.

Pueden reformularse como oraciones compuestas:

c) They are looking for the man who they think has killed the policeman.
Buscan al hombre que, según piensan, mató al policía.

d) He sang one of those blues which you said you loved so much.
Cantó uno de esos blues que dices que tanto te gustan.

El esquema **c)** se compone entonces de: pronombre relativo sujeto + verbo declarativo/de opinión/de conocimiento + verbo con el relativo como sujeto.

El esquema **d)** se compone de: pronombre relativo objeto + verbo declarativo/etc. + sujeto-verbo con el relativo como complemento. En este caso, puede omitirse el relativo: **He sang one of those blues you said you loved so much**.

42. Las subordinadas sustantivas con *that*

42.1. Se trata de las oraciones subordinadas equivalentes al grupo nominal, ya que pueden ser sujeto o complemento de objeto (directo o indirecto) del verbo principal, complemento de un sustantivo o un adjetivo.

42.2. *Las sustantivas con* that

a) Una oración con **that** puede ser sujeto de un verbo (generalmente se trata de **be** o uno de sus sustitutos, o de **mean**, **suggest**, etc.).

That he needed the money was no excuse.
El que haya necesitado ese dinero no es ninguna excusa.

b) Una oración con **that** puede ser complemento directo (éste es, por cierto, el caso más frecuente) de los verbos declarativos, de opinión, etc.

I thought that he wanted to become a doctor.
Yo creía que él quería ser doctor.

Notas importantes:

• **that** puede omitirse cuando la oración es complemento de objeto directo del verbo.

• como **that** no puede ir precedido por una preposición, la subordinada sustantiva con **that** no puede ser complemento indirecto. Cuando es necesario, se usa la expresión "**the fact that**":

I referred to the fact that he needed money.
Me refería al hecho de que necesitaba dinero.

c) Ciertos sustantivos que refieren a la noción de saber, como **idea, theory, notion**, etc., pueden ir seguidos por una oración sustantiva con **that**:

He suggested the theory that the Earth revolves around the Sun.
Sugirió la teoría de que la Tierra gira alrededor del Sol.

42.3. *Los sustitutos de la subordinada sustantiva con* **that**

Una oración objetiva con **that** puede sustituirse con **so** (oración afirmativa) o **not** (oración negativa):

– **Is it going to rain?**
– **I think so** (= **I think that it is going to rain**).
– *¿Va a llover?*
– *Eso creo.*
– **Will the prices go up?**
– **I hope not** (= **I hope that they will not go up**).
– *¿Van a subir los precios?*
– *Espero que no.*

Existe una ligera diferencia entre **I do not think so** (*no lo creo*) y **I think not** (*creo que no*), que expresa una opinión mucho más fuerte: la primera expresión se construye con la forma negativa de **think**, mientras que en la segunda, el complemento es lo negativo.

Los principales verbos que se encuentran con estas construcciones son: **think, hope, expect, suppose, believe, I'm afraid, fear, tell** + pronombre.

43. Otras subordinadas sustantivas

Hay otras subordinadas sustantivas introducidas por los operadores que ya hemos visto: **what** (ver más arriba), **which** (ver más arriba), **who** (**whom**), **whose** y **where, when, how, why, whether**. Van principalmente con verbos declarativos y de opinión, con los verbos que expresan una operación intelectual.

43.1. *Pueden ser sujeto:*

Whose car it was is irrelevant.
De quién era el auto no tiene ninguna importancia.
Where he went does not matter.
Dónde fue no importa.

43.2. *Pueden ser complemento de objeto directo:*

I do not understand why they did it.
No entiendo por qué lo hicieron.
I know who you mean.
Ya sé a qué te refieres.

43.3. *Pueden ser complemento de objeto indirecto* (introducido por una preposición):

I'm not going to bother about who they have invited.
No me voy a preocupar por saber a quién invitaron.
They are not interested in whether you like it or not.
No les interesa saber si te gusta o no.

43.4. *Pueden ser complemento de sustantivo introducido por una preposición:*

The question of whether smoking has a detrimental effect on academic achievement is arguable.
La cuestión de si fumar tiene efectos negativos para los resultados académicos puede discutirse.
There was much discussion about how it should be done.
Se discutió mucho sobre cómo debía hacerse.

---

44. Las oraciones interrogativas indirectas

Las oraciones interrogativas indirectas constituyen un caso particular de las subordinadas sustantivas: se introducen por medio de pronombres, adjetivos, adverbios o conjunciones interrogativas y completan un verbo que expresa interrogación o duda.

I wonder where they have put it.
Me pregunto dónde lo han puesto.

I asked him who they had fired.
Le pregunté a quién habían despedido.
I'd like to know whose book this is.
Me gustaría saber de quién es este libro.
I wonder whether/if they have been warned. (No es necesario añadir **or**.)
Me pregunto si les han avisado.

Nota importante: no se usa la inversión sujeto-verbo en la interrogación indirecta, como suele suceder en español:

I'd like to know what those people want.
Me gustaría saber qué quiere esa gente.

45. El estilo indirecto

Las subordinadas sustantivas que dependen de un verbo declarativo, uno que permite relatar las palabras de otro hablante, siguen las reglas de concordancia de tiempos (y, al igual que en español, de transformación de otros elementos), cuando se pasa del estilo directo al indirecto.

45.1. *Del estilo directo al estilo indirecto en presente*
Estilo directo: **Jane – I will never sell my house.**
Estilo indirecto: **Jane says she will never sell her house.**
No cambian los tiempos de los verbos.

45.2. *Del estilo indirecto en presente al estilo indirecto en pasado*
Jane says that she will never sell her house.
⇨ **Jane said that she would never sell her house.**

John says that he has lost his watch.
⇨ **John said that he had lost his watch.**

Es obligatoria la concordancia de tiempos; las principales transformaciones son las siguientes:

presente → pretérito

antepresente → antepretérito
futuro → futuro en el pasado

45.3. *Notas*

Cuando se relata una oración que expresa un hecho atemporal o una verdad constante, no es obligatoria la concordancia de tiempos. Tampoco lo es cuando se relata un estado que no se ha modificado:

The shop is closed on Saturday.
I said that the shop is closed on Saturday.
Dije que la tienda cierra los sábados.

I know that water boils at 100°.
He said that he knew water boils at 100°.
Dijo que sabía que el agua hierve a 100°.

She is away in Africa.
He said she is away in Africa.
Dijo que ella está en Africa.

45.4. A estas concordancias es necesario añadir las modificaciones de los puntos de referencia que impone la propia situación, al igual que en español:

I will sell my car → **He said he would sell his car.**
You said you would sell your car.

I'll do it tomorrow → **He said he would do it the following day**.

Must (cuando expresa obligación) se sustituye por **have to**:

You must leave at once → **He said we/you had to leave at once.**

Véase también la sección siguiente: la oración de infinitivo.

---

46. La oración sustantiva de infinitivo

Una oración de infinitivo puede emplearse como sujeto o complemento de un verbo o un adjetivo.

46.1. *Sujeto*

To travel in winter is not always easy.
Desplazarse en invierno no siempre es fácil.

Se puede decir también:

It is not always easy to travel in winter.

Este giro es obligatorio cuando se expresa el sujeto del infinitivo:

It is not always easy for old people to travel in winter.
Para la gente mayor, no siempre es fácil desplazarse en invierno.

46.2. *Complemento de ciertos verbos*

I want to go out. *Quiero salir.*

La ausencia de sujeto para el infinitivo indica que se trata del mismo sujeto que para el verbo principal.

I want them to go out. *Quiero que salgan.*

El pronombre complemento se emplea como sujeto del infinitivo.

46.3. *Complemento del adjetivo*

It is difficult to speak Chinese.
Es difícil hablar chino.

La ausencia de sujeto indica aquí que la oración tiene un valor general; el sujeto particular se introduce con **for**.

It is not difficult for them to speak Chinese.
Para ellos, no es difícil hablar chino.

Obsérvese también la construcción:

I find it difficult to speak Chinese.
Me parece difícil hablar chino.

Difficult es adjetivo predicado de **it** que anuncia el infinitivo.

La misma construcción se encuentra con **make it** + adjetivo + infinitivo.

46.4. *Notas sobre las oraciones de infinitivo*

a) La oración sustantiva de infinitivo completa se forma siguiendo el esquema:

For + sujeto del infinitivo + **to** infinitivo.

El sujeto puede ser un sustantivo o un pronombre en su forma de complemento:

> **It is difficult for them to travel.**
> *Les resulta difícil desplazarse.*

b) a menudo aparecen oraciones de infinitivo incompletas:

- por omisión del sujeto:
  > **It is difficult to travel in winter.**

- por omisión del verbo en contextos muy precisos:
  > **It is very difficult for me (to do it).**

c) Nótese finalmente la oración de infinitivo **for there to be** + sustantivo:

> **It is too late for there to be a bus.**

(Ver las subordinadas consecutivas 50.3)

46.5. *La oración de infinitivo puede expresar la finalidad* (véase 49.1)

46.6. *Nótese la construcción siguiente*:

> **He came home to find his flat had been broken into.**
> *Volvió a su departamento y se encontró con que se habían metido por la fuerza.*

La oración de infinitivo en este caso equivale a una oración coordinada (**and he found that...**).

46.7. *Algunas oraciones de infinitivo particulares*

Los verbos de percepción, así como **make**, que van seguidos por un infinitivo sin **to**, en su forma activa, se construyen con el infinitivo completo cuando se encuentran en forma pasiva.

> **They saw him jump** → **He was seen to jump.**
> *Lo vieron saltar* → *Se le vio saltar.*
> **They made her open her bag** → **She was made to open her bag.**
> *La obligaron a abrir su bolsa* → *Fue obligada a abrir su bolsa.*

46.8. *Debe prestarse particular atención al significado de* **to be said** y **to be told**, *cuando van seguidos por un infinitivo.*

> **They said that she was away.**
> *Dijeron que se había ido.*

puede tener dos pasivos (que tienen el mismo sentido), uno en la forma activa: **It was said that she was away,** y el otro con un infinitivo:

> **She was said to be away.** *Decían que se había ido.*

Con el verbo **to be told**, las dos formas posibles tienen sentidos totalmente diferentes, dependiendo de si se trata de la forma activa con un sujeto diferente o igual al del primero, y de la forma en infinitivo, cuyo sujeto es forzosamente el mismo del verbo en pasivo.

> **They were told that she was away.**
> *Les dijeron que se había ido.* (indicativo)

La forma activa es:

> **X told them that she was away,**
> *X les dijo <u>que</u> se había ido.* (indicativo)

Pero con el infinitivo:

> **They were told to be careful.**
> *Les dijeron que tuvieran cuidado.* (subjuntivo)

La forma activa correspondiente es:

> **X told them to be careful.**
> *X les dijo <u>que</u> tuvieran cuidado.*(subjuntivo)

que puede remitir a un imperativo en estilo directo:

> **X told them: 'Be careful!'**

---

47. Las demás subordinadas introducidas por conjunción

Se introducen por medio de una conjunción de subordinación y sirven como *complementos circunstanciales* para la principal.

47.1. *Las subordinadas de tiempo*

Son las más numerosas, dada la diversidad de las relaciones temporales posibles de un acontecimiento, un acto, una acción, etc. ("proceso") con otro.

Atención: cualquiera que sea la conjunción de subordinación que la introduce, ninguna subordinada temporal puede contener la marca del futuro.

I will ring you as soon as I get there.
Te llamaré por teléfono en cuanto llegue.

En cambio, **when** cuando es interrogativo o relativo puede normalmente ir seguido por un futuro.

Las principales conjunciones de tiempo son:
when (*cuando*), **as**, **while** (*mientras*), **whereas** (*mientras que*), **after** (*después de que*), **before** (*antes de que*), **until/till** (*hasta que*), **as soon as** (*en cuanto*), **as long as** (*mientras*), **since** (*desde que*), etc.

47.2. *Nota sobre* since (véase 1.13)

a) La conjunción **since** con uso temporal remite a un punto de origen marcado por un verbo puntual:

I have lived in London since I left France.
Vivo en Londres desde que salí de Francia.

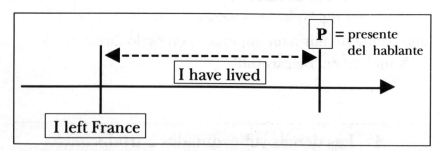

b) Since permite también establecer la relación entre dos procesos paralelos con el mismo origen:

I have never seen such a difficult problem since I have been minister.
Nunca me había tocado un problema tan difícil desde que soy ministro.

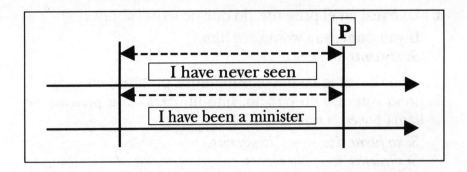

Compárese con:

I have never seen such a difficult problem since I was appointed a minister.
Nunca me había tocado un problema tan difícil desde que me nombraron ministro (acontecimiento puntual, caso **a**)

Atención, **since** puede utilizarse como preposición:

I have lived here since my accident.
Vivo aquí desde mi accidente.

48. Las subordinadas condicionales

48.1. Se orientan hacia el futuro. Su esquema es el siguiente: **if** + presente, verbo principal en futuro, imperativo, o a veces presente.

Por lo general se introducen con **if**.

Al igual que en español, se distinguen tres condicionales:

a) El potencial (lo que ocurrirá si...)

If you come, you will see him.
Si vienes lo verás.

El potencial con **should**

If you should see him, tell him that everything is all right.
Si llegas a verlo, dile que todo va bien.

Con **should** la hipótesis es mucho menos probable que con el potencial simple.

b) Lo irreal en el presente (lo que ocurriría ahora si...)

If you came, you would see him.
Si vinieras, lo verías.

El pretérito, al igual que el subjuntivo pretérito en español, expresa aquí, no un pasado, sino un *irreal en el presente*. Se le llama *pretérito modal*.

Si yo fuera rico <— *No soy rico.*
Si vinieras <— *No vienes.*
Si no vinieras <— *Vienes.*

El esquema es el siguiente: **if** + pretérito; verbo principal en condicional presente (**would/could/might** + infinitivo sin **to**).

c) Lo irreal en el pasado (lo que habría ocurrido si ...)

If you had come, you would have seen him.
Si hubieras venido, lo habrías visto.

El antepresente, al igual que el antepretérito del subjuntivo en español, es un "modal" que expresa la irrealidad en el pasado:

Si hubieras venido <— *No viniste.*
Si yo hubiera tenido tiempo <— *No tuve tiempo.*
Si no hubieras venido <— *Viniste.*

El esquema es el siguiente: **if** + antepretérito; verbo principal en condicional pasado (**would/could/might** + **have** + participio pasado).

48.2. *La inversión hipotética*

Cada vez que una oración hipotética introducida por **if** se construye con un auxiliar, podemos invertir el orden del auxiliar y el sujeto, lo cual expresa la hipótesis sin necesidad de utilizar **if**:

Should you see him ... (= **if you should see him**)
Had you come... (= **if you had come**)

Encontramos también esta inversión cuando se trata de una irrealidad en el presente expresada por **were** (subjuntivo de **be**)

Were that true (= **If it were true**)

Estas construcciones pertenecen a un estilo elevado o rebuscado.

48.3. *Oración de relativo con valor de condicional*

Examinemos la oración siguiente:

When children return to school it would be a parent with a heart of stone who did not feel a giddy uprush of relief and gratitude.

Cuando los niños regresan de la escuela, tendrían que ser padres sin corazón los que no sintieran un embriagante acceso de alivio y gratitud.

En cuanto al sentido, se puede proponer como equivalente:

Parents would have a heart of stone if they did not feel...

Notaremos que en la oración de relativo, al igual que en la oración introducida por **if**, el verbo no tiene forma de condicional (Es un pretérito modal = irreal en el presente.)

48.4. Cuando introduce una oración hipotética, **if** no va seguido por el condicional, que es el modo de la oración principal. Así, cuando encontramos **if** con **would**, no se trata de un condicional, sino de un pretérito (irreal en el presente) de **will**:

If he would listen to me, I could help him.
Si quisiera escucharme, yo podría ayudarlo.

48.5. La condición puede expresarse con otras conjunciones: **unless** (*a menos que*), **provided** (**that**) (*con la condición de que*), **in case** (*en caso de que*), **as long as** o **so long as** (*desde el momento en que*).

---

49. Subordinadas de finalidad

49.1. La oración subordinada de finalidad puede ser una oración de infinitivo introducida por **to, in order to, so as to.**

He stopped to have a drink.
Se detuvo para beber algo.
He studied languages in order to work abroad.
Estudió idiomas para trabajar en el extranjero.

He studied computer science so as to get higher wages.
Estudió computación para obtener un mejor sueldo.

49.2. La finalidad puede expresarse con **for** + **-ing**, cuando se trata de la finalidad general de un objeto:

A knife is also a tool for opening oysters.
Un cuchillo también sirve para abrir ostras.

En cambio, en una situación particular, diremos:

I want a strong knife to open these oysters.
Necesito un cuchillo resistente para abrir estas ostras.

49.3. La subordinada de finalidad puede introducirse con **so that, in order that** o **that**.

So that es mucho más frecuente y se construye por lo general con los auxiliares **can/could/will/would**.

He did not give them his address so that they would not bother him.
No les dio su dirección para que no lo molestaran.

In order that o **that** pertenecen a un estilo más elevado y se construyen con **may/might** y **shall/should**.

---

50. Subordinadas que expresan consecuencia

50.1. So + adjetivo/adverbio + **that** expresa la consecuencia de un grado determinado del adjetivo o el adverbio.

I'm so tired that I must stop.
Estoy tan cansado que tengo que detenerme.

50.2. Such + grupo nominal + **that** expresa la consecuencia de la naturaleza del sustantivo.

There was such a noise that nobody heard him.
Había un ruido tal, que nadie podía oírlo.

50.3. La consecuencia se expresa con una oración de infinitivo después de **too** y **enough**.

It was too cold to go out.
Hacía demasiado frío como para salir.
He is rich enough to buy the whole city.
Es lo bastante rico como para comprar toda la ciudad.

51. Subordinadas que expresan la causa o la razón

51.1. As, **because**, **since** (*como/porque/dado que*).

En estos casos, en que **since** no es temporal, sí puede ir seguido de cualquier tiempo.

Since you say so, you must be right.
Ya que lo dices, debes tener razón.

51.2. *Empleo particular con el comparativo precedido por* **all the**:

It was all the more dangerous as/since/because it was raining.
Era todavía más peligroso porque estaba lloviendo.

(**The** no es un artículo aquí, sino un adverbio que mide el incremento expresado por el comparativo).

Atención: **for** puede emplearse como preposición, esto es, antes de un sustantivo, después de la estructura **all the** + comparativo.

It was all the more dangerous for the rain.
Era todavía más peligroso por la lluvia. (= a causa de la lluvia).

51.3. *La construcción* **all the** + *comparativo tiene un equivalente negativo*: **none the** + comparativo (o **any** si la oración contiene un elemento negativo).

They were none the happier for it.
No eran más felices por ello.
Nobody will be any happier.
Nadie será más feliz por ello.

En la forma interrogativa se usará **any**:

Are you any (the) better for it? (puede omitirse **the**)
¿Eso te hace sentir mejor?

51.4. *El adjetivo puede sustituirse por* **so**, si ya se ha expresado:
– **Was it dangerous?**
– *¿Era peligroso?*
– **Yes, all the more so as they were not properly equip-ped.**
– *Sí, y más aún porque no estaban debidamente equipados.*

51.5. *El caso particular de los comparativos paralelos*
The more, the merrier.
Cuantos más seamos, más nos divertiremos.
The sooner, the better.
Cuanto antes, mejor.
The more I see men, the more I like dogs.
Cuanto más veo a los hombres, más quiero a los perros.

El primer elemento, **the** + comparativo, expresa la causa, el segundo la consecuencia.

Notas:

• **The** no es un artículo (véase 51.2).

• Los dos elementos se yuxtaponen y se separan con una coma.

• **The** + comparativo se coloca obligatoriamente al inicio de cada uno de los elementos. Compárense los ejemplos si-guientes:

a) The more I see men, the more I like dogs;
b) The more men I see, the more fools I know;

en **a)**, **more** es un adverbio de intensidad que califica **see** y **like**:
Cuanto más veo a los hombres, más quiero a los perros.

en **b)**, **more** es un adjetivo (comparativo de **many**) que califica a **men** y a **fools**:
Cuantos más hombres veo, más estúpidos conozco.

La unidad adjetivo-sustantivo se coloca obligatoriamente en el inicio de cada elemento.

• Cuando el verbo de cada uno de los elementos se reduce a **be** sin marca definida de tiempo o modo, puede omitirse. Por ello decimos: **the sooner, the better**, pero, por ejemplo:

The more people there will be, the longer it will take.
Cuanta más gente haya, más tiempo tomará.

A veces encontramos esta estructura paralela con tres elementos. Cuando 1 y 2 son la causa, van coordinados; si 2 y 3 son la consecuencia, van coordinados:

The more I see men and the more I know them, the more I like dogs.
Cuanto más veo a los hombres y más los conozco, más quiero a los perros.
The more I see men, the sadder I feel and the more I like dogs.
Cuanto más veo a los hombres, más tristeza me da y más quiero a los perros.

51.6. For es también una conjunción que expresa la razón (*ya que*). En principio, la oración introducida por **for** no puede colocarse antes de la principal:

He stayed with us for he had no place to go.
Se quedó con nosotros, ya que no tenía a dónde ir.

51.7. For fear that y **lest** (*por temor de que*) introducen también una oración subordinada de causalidad:

I won't tell you for fear that you will repeat it.
No te lo diré por temor de que lo repitas.

Lest pertenece a un registro más literario y puede construirse con el subjuntivo:

He ran away lest he should be arrested.
Huyó por temor de que lo arrestaran.

For fear that puede sustituirse por **for fear of + -ing**:

They did not say anything for fear of offending him.
No dijeron nada por temor a ofenderlo.

52. Subordinadas concesivas

Las principales conjunciones que introducen subordinadas concesivas son **though** y **although** (*aunque*), **while** y **whereas** (*mientras que*), **even if/though** (*aun si/a pesar de que*), **however** + adjetivo/adverbio, **whatever** + sustantivo, **whether... or** (*que... o*).

52.1. *Empleo de* though

- **Though** se emplea normalmente en inicio de oración
  Though it is true, I cannot believe it.
  Aunque es cierto, no puedo creerlo.

- **Though** puede colocarse en segunda posición, después de un adverbio o adjetivo:

  Early though it was, I decided to get up.
  Aunque fuera temprano, decidí levantarme.
  (véase 55)

52.2. However + *adjetivo o adverbio*, whatever + *sustantivo*

  You've got to do it, however difficult it may be.
  Tienes que hacerlo, por difícil que resulte.

El adverbio o adjetivo va justo después de **however**.

  You've got to do it, whatever the difficulties you may come across.
  Tienes que hacerlo, por más dificultades que encuentres.

However y **whatever** permiten tomar en cuenta todas las hipótesis (generalización), y pueden por lo tanto utilizarse con el auxiliar **may**.

Cuando el verbo de la subordinada es **be**, puede omitirse (cf. 12. y 13.5. notas)

  You've got to do it, whatever the difficulties.
  Tienes que hacerlo, cualquiera que sean las dificultades.
  Ring me up, however early.
  Llámame por teléfono, por temprano que sea.

52.3. Whether ... or

Cuando se expresa concesión, no puede omitirse el término introducido por **or** (como en el caso de la interrogación indirecta).

  You've got to do it, whether you like it or not.
  Tienes que hacerlo, te guste o no.

53. Subordinadas que expresan comparación

53.1. As y **than** *funcionan como conjunciones*:
I ran as fast as I could.
Corrí tan rápido como pude.
He is older than he looks.
Es más viejo de lo que parece.

Nótese la asociación tiempo + comparación en **no sooner**... **than** y la inversión auxiliar-sujeto:
No sooner had I closed my eyes than the telephone rang.
Apenas había yo cerrado los ojos, cuando sonó el teléfono.

Nota: La expresión **hardly** ... **when** tiene el mismo sentido y la misma construcción:
Hardly had I closed my eyes when the telephone rang.

53.2. As if, **as though** (en un estilo menos familiar):
It looks as if it's going to rain.
Parece que va a llover.
He spends money as though he were a millionaire.
Gasta el dinero como si fuera millonario.
(el subjuntivo **were**, que marca lo irreal, no es obligatorio, y en ocasiones se usa **was**)

N.B. Aunque es frecuente por influencia del inglés norteamericano, el uso de **like** como conjunción (= **as if** o **as**) no se considera correcto en inglés británico.

54. La conjunción *as*

Junto con **that**, es la conjunción más frecuente, ya que puede expresar causalidad, comparación, tiempo y concesión. En este último caso, **as** se construye de manera particular:
Try as he might, he never succeeded.
Por más que lo intentó, nunca lo logró.

True as it was, I did not believe it.
Por cierto que fuera, yo nunca lo creí.

---

55. *Though* y *as*

Though permite usar la misma construcción que **as**, es decir, adjetivo/adverbio + **though** o **as**, en inicio de oración.
Pero no siempre puede usarse libremente uno por otro.
Though significa *aunque* y **as** *dado que*.

Poor though he was, he managed to go to University.
Aunque fuera pobre, se las arregló para ir a la Universidad.
Por pobre que fuera, se las arregló para ir a la Universidad.
Pretty as she was, she had many admirers.
Bonita como era, tuvo muchos admiradores.

---

56. *Oraciones de participio*

56.1. El participio presente puede equivaler a una oración introducida por **as**:

Being your father, I've got to know what you are up to.
(= As I am your father)
Siendo tu padre, debo saber cuáles son tus intenciones.

56.2. El participio pasado compuesto (**having** + participio pasado) puede emplearse como equivalente de **as** o de **after** + antepretérito.

Having read the book, they did not want to see the film.
(= As they had read...)
Habiendo leído el libro, no quisieron ver la película.
Having locked the door carefully, they drove away without being noticed. (= After they had locked...)
Tras cerrar cuidadosamente la puerta, se alejaron en auto sin que los vieran.

Atención: En una oración subordinada de participio, el sujeto debe ser el mismo que el de la oración principal. Cualquier otra construcción resulta incorrecta.

I. **Expresar en forma interrogativa** (Pregunta cerrada):

1. John will go to London.
2. She knows the truth.
3. We've got plenty of time.
4. It hurts.
5. A whale is a mammal.
6. They met their friends in Paris.
7. It happened last year.
8. She had forgotten her passport.
9. The boys would have liked it.
10. They had to change at Paddington.

II. **Plantear las preguntas (abiertas) sobre los elementos subrayados en las oraciones siguientes, que constituyen las respuestas para dichas preguntas:**

1. Jane often goes to Paris.
2. Jane goes to Paris every Saturday.
3. Jane often goes to Paris.
4. John told him Peter was going to London.
5. John told him Peter was going to London.
6. John told him Peter was going to London.
7. The old man gave them a piece of cake.
8. The old man gave them a piece of cake.

III. **Completar las preguntas siguientes utilizando** WHO, WHAT **o** WHICH:

1. ... have you bought?
2. ... is coming tomorrow?
3. ... one do you prefer?
4. ... did you meet on the train?
5. ... did they say?
6. ... ones did the police arrest?
7. ... animals live in the desert?
8. ... told you that?
9. ... country would you like to live in, Scotland or Wales?

IV. **Plantear las preguntas sobre los elementos subraya-dos de las oraciones siguientes, que constituyen las respuestas para dichas preguntas:**

1. This is <u>John's</u> hat.
2. She goes out with <u>a couple of friends</u>.
3. He worked there <u>during the war</u>.
4. It took him <u>10 years</u> to write this book.
5. <u>Ten of them</u> are trapped in the pit.
6. Her mother comes <u>twice a week</u>.
7. She called them <u>because she was afraid</u>.
8. He has bought a bicycle <u>to go to school</u>.
9. The Scots call it <u>haggis</u>.

V. **Completar las oraciones siguientes:**

1. · They ... go to the pictures nor watch television.
2. You can either buy ... borrow it.
3. He is not very rich, ... he travels a lot.
4. ... did he get the job, ... he ... also married his boss's daughter.
5. You should come ... see me as soon as possible.
6. It is a tough job, ... he doesn't seem to mind.

VI. **Completar las oraciones siguientes utilizando** WHAT, HOW, SO o SUCH:

1. ... pleasant it must have been!
2. ... a lovely day we've spent!
3. They are ... kind!
4. She gave us ... a fright!
5. ... odd!
6. She is ... a dear!

VII. **Completar las oraciones siguientes utilizando** WHOSE, OF WHOM o OF WHICH:

1. They are looking for the man ... car has been found near the river.
2. There were 25 passengers, ten ... were flying for the first time.
3. They have plenty of animals, most ... are rather danger-ous.

4. I must thank those people without ... help I wouldn't be here today.
5. They called a doctor ... name was Smith.
6. It is a very poor country, half ... is a desert.
7. He wrote a lot of books, many ... were best-sellers.
8. He's got many friends, a few ... he made in the army.

VIII. Completar las oraciones siguientes utilizando WHAT, WHICH **o** THAT:

1. It is ... you told me ... is frightening.
2. He had soon spent ... little money he had managed to save.
3. It is something ... will prove very useful.
4. They took everything ... was needed.
5. We've got a lot of work, ... is a good thing.
6. I can't remember ... happened the day before.
7. I can't understand ... surprised you.
8. He doesn't seem to understand, ... is quite surprising.

IX. Expresar en discurso indirecto introducido por HE SAID THAT:

1. "I'll see you on Monday."
2. "You have no reason to worry."
3. "My parents are away for the weekend."
4. "If you come home late, you must lock the door."
5. "We did it last week."
6. "You must have got the wrong number."

X. Usar el verbo en la forma adecuada o completar las oraciones siguientes:

1. If you (COME) you would see him.
2. If you had come you (MEET) them.
3. If I'm rich, one day, I (BUY) a Rolls-Royce.
4. If you see him, (TELL) him to call me as soon as possible.
5. Even if they (PAY) me twice as much, I wouldn't take the job.
6. ... I been warned, I would have stopped it.
7. This is quite impossible ... I'm greatly mistaken.
8. You must not hesitate, ... the opportunity arise.

XI. **Construir oraciones compuestas utilizando para cada una los dos elementos indicados y usando** SO, SUCH, ENOUGH o TOO:
1. I'm tired; I've got to stop.
2. They came early; I was not ready.
3. That was a great shock; it took them days to recover.
4. He is rich; he can pay for it.
5. It was not clear; the crew couldn't see the rocks.
6. It was very cold; nobody could work outside.
7. It is very early; there will be no train.
8. It is very cold; the kids can't play in the garden.

XII. Utilizando THE + comparativo, **indicar un equivalente para los siguientes enunciados:**
1. The sky was clear. Therefore it was colder.
2. The rain will make it more dangerous.
3. This didn't make me richer.
4. It was more surprising because he had been warned.

XIII. Reformular los enunciados siguientes utilizando comparativos paralelos (THE + comparativo):
1. It is better because it is more expensive.
2. If more people come, there will be greater risks.
3. The road is not so safe when traffic becomes heavier.
4. You will earn more and get more interesting jobs if you are more ambitious.

XIV. Completar las oraciones siguientes:
1. Clever ... he is, he will soon find a solution.
2. Rich ... they were, they found it difficult to foot the bill.
3. ... had they left the house when the fire broke out.
4. No sooner had they arrived ... they were told to go back home.
5. You can always call me, ... late you may think it is.
6. ... the problems it may raise, this is the only solution.

I

1. She is happy.
2. He is glad.
3. He is late.
4. It is late.
5. She is not late (isn't late).
6. I am (I'm) hungry.
7. We are (we're) thirsty.
8. Are you hungry?
9. I am (I'm) not thirsty.
10. It is dark.
11. It is (it's cold).
12. They are afraid.
13. John is twenty (years old).
14. I am (I'm) forty.
15. Ann is thirty-six.

II

1. He, she, it takes
2. He, she, it goes
3. He, she, it tries
4. He, she, it stops
5. He, she, it reaches
6. He, she, it hisses
7. He, she, it comes
8. He, she, it leaves
9. He, she, it can
10. He, she, it must

III

1. She is reading.
2. What are you doing?
3. Switch off the gas, the water is boiling.
4. Water boils at 100 degrees.
5. Look! It's snowing!
6. It often snows in this season (at this time of (the) year).
7. Do you know where he is?
8. He is silly.

9. He is being silly.
10. I understand.

IV

1. She worked with us in 1986.
2. I haven't seen him for months.
3. He phoned me last Tuesday.
4. When did you meet him last?
5. We haven't seen her for a long time.
6. They bought it five years ago.
7. I have known them for six years.
8. He hasn't seen them since Monday.
9. She's been here for five minutes.
10. She arrived five minutes ago.

V

1. You will have to phone.
2. I should have stayed.
3. He may not like it.
4. May I come in?
5. She can do it (she is able to do it, she is capable of doing it).
6. When can he come? (When will he be able to come? When may he come?)
7. She must have left (gone); she had to leave (to go), she has had to leave (to go).
8. You may not stay after 7 p.m.; you won't be allowed to stay after 7 p.m.

VI

1. should
2. would
3. Would/Wouldn't
4. shouldn't
5. wouldn't (o needn't)
6. should (o nada: that the regulation be altered)

VII

1. He is said to be rich.
2. You'll be told to try a second time.
3. Bob was offered a tie.
4. Are you being attended to?

5. I'm always being laughed at.
6. I've just been told he'd left.
7. He was heard to leave.
8. He was made to understand.

VIII

1. nada
2. nada
3. to
4. from
5. nada
6. nada

IX

1. haven't you
2. did they
3. can't he
4. will she
5. wouldn't you
6. is he
7. do you
8. doesn't she

X

1. Yes I would (*sí*); no I wouldn't (*no*).
2. No it doesn't (*no*); yes it does (*sí*).
3. Yes she did (*sí*); no she didn't (*no*).
4. Yes I can (*sí*); no I cannot (*no*).
5. Yes she will (*sí*); no she won't (*no*).
6. Yes they have (*sí*); no they haven't (*no*).

XI

1. Have this text translated by Henri.
   Have Henri translate this text.
2. Have this parcel sent tomorrow.
3. They want to have a house built.
4. Have you had the result checked?
5. He was made to understand.
6. We'll have it done by his brother.
   We'll have his brother do it.
7. We'll make him do it.
8. He had had it delivered.

XII

1. Do you remember when he got it?
2. Can you guess what it means?
3. Do you know why they came?
4. Can you tell where it is?
5. Can you imagine how they will manage?

XIII

1. marry
2. answering
3. leave
4. do
5. reading
6. come
7. to wait
8. work
9. riding
10. to cook
11. to feel
12. going

XIV

1. Don't forget to tell her (him) when you see her (him).
2. Ring me up (give me a call) as soon as he arrives.
3. When will you know the exact date of his departure?
4. I don't know when they will begin.
5. I'll know (it) when they begin.

MODELO DE CORRECCIÓN PARA LOS EJERCICIOS DEL LIBRO II

I

1. His mother is a teacher.
2. My car does 150 kilometers an hour.
3. My brother made a fire in the garden.
4. I need advice (*o* some advice, a piece of advice).
5. As a rule, they like like books.
6. The moon was shining above the roofs.
7. The Treaty of Rome which opens the Common Market was signed in the 60's.
8. German cars are reliable.

9. Doctor Watson met Queen Elizabeth.
10. The Pope played cards with the president of the United States.

II

1. They caught big fish.
2. She always travels with heavy pieces of luggage.
3. They observed strange phenomena.
4. They needed go-betweens to settle their disputes.
5. Passers-by said they distinctly saw flying saucers.
6. He (they) gave me ten-dollar bills.
7. The poor can't be choosy.
8. The French used to wear berets.
9. The DJ's are well paid in these radio stations.
10. Darling, I invited the Johnsons to dinner tonight.

III

1. ... a few (*¿Puedes prestarme unos cuantos dólares?*)
2. ... a little (*Si al menos tuviera un poco más de tiempo*).
3. ... few (*Había poca gente en las calles*).
4. ... little (*Bebe poco whisky, pero mucho cognac*).
5. ... a few (*Pescó algunos lucios y una carpa enorme*).
6. ... few (*Se encontraban muy pocos taxis en la ciudad*).
7. ... little (*Ve a comprar mantequilla, por favor, queda muy poca*).
8. ... a few (*Hizo unas cuantas crepas para el desayuno*).
9. ... a little (*Dame un poco más de tiempo para hacerlo*).
10. ... little (*Le quitaré el menor tiempo posible*).

IV

1. He is less rich than you [are].
2. He has more money than us all (than all of us).
3. Are you as tall as I am?
4. He is the best pupil/student in the school.
5. This room is nicer than Peter's.
6. It is the most pleasant house I know.
7. Is this worth anything?
8. There are more museums in London than in Berlin.
9. That's the least interesting book I ever read.
10. He's his worse enemy.

V

1. My best friend's sister married my wife's brother.
2. My friend's boat is beautiful.
3. This Englishman's wife is a doctor.
4. These Chinese people's houses are typical.
5. Mr Mipp's car is bigger than Jim's.
6. The unemployed's situation is awful.
7. I met her at her uncle's on New Year's Eve.
8. I know the English people's passion for cricket and that of the Chinese for gambling.
9. It's a car of mine (one of my cars).
10. I was given somebody else's coat by mistake.

VI

1. I'll buy another dress.
2. I'll buy one more/yet another dress.
3. She wanted to borrow somebody's car.
4. You should try someone else's tie.
5. Do you have/Have you got other English books?
6. Yes, I have others/some more in the shop.
7. You've bought too many eggs and too much butter.
8. It's rather good.
9. It's quite good/It's good enough.
10. It's far too much.

VII

1. I'm going to make myself a cup of tea.
2. Mike and Sue don't talk to each other any more.
3. The four cousins don't talk to one another.
4. He loved shaving at the window.
5. Small children don't know how to dress alone.
6. They had a beautiful house built.
7. Buy yourself a packet of cigarettes on your way home.
8. She tried to kill herself.
9. The two sisters write to each other regularly.
10. They met in Paris.

VIII

1. None of these will do (*Ninguno de éstos sirve: son demasiado grandes*).
2. ... who some of them ... (*No tengo la menor idea de quiénes son algunos de ellos*).

3. ... both are (*Claro que conozco a P. y P.: los dos son miembros de mi club*).
4. ... some money (*¿Puedes prestarme algún dinero?*).
5. ... any minute now (*Puede ser que llegue en cualquier momento*).
6. ... somewhere else (*Ya lo había visto en otra parte*).
7. ... some of this ... (*Comeré un poco de ese pastel*).
8. Anyone won't do (*Ninguno servirá*).

IX

1. This book is the most interesting of all.
2. This article is the better (of the two).
3. John is the elder of Peter's two sons.
4. Is a yard as long as a meter?
5. Tom has four children; Ann is this eldest.
6. This room is bigger than I thought.
7. It's as good a dictionary as any.
8. There are more trees on this side than on the other.
9. Our work is more and more difficult.
10. He's better organized than his sister.

X

1. She bought two dozen eggs.
2. We saw hundreds of birds.
3. They flew in (their) thousands.
4. Dozens (Tens) of cars were caught in the traffic jam.
5. How many of you will there be for lunch?
6. The plane takes off at 20:30 (8:30 P.M.).
7. We'll leave on October 18th on the 0:15 train.
8. He made/arrived a good first, three quarters of an hour before the second.
9. I'm telling you for the umpteenth time that Henry VIII (the eighth) created the Church of England!
10. How much is eighty [multiplied] by twelve?

MODELO DE CORRECCIÓN PARA LOS EJERCICIOS DE LOS LIBROS **III** Y **IV**

I

1. Will John go to London?

2. Does she know the truth?
3. Have we got plenty of time?
4. Does it hurt?
5. Is a whale a mammal?
6. Did they meet their friends in Paris?
7. Did it happen last year?
8. Had she forgotten her passport?
9. Would the boys have liked it?
10. Did they have to change at Paddington?

II

1. Who often goes to Paris?
2. When does Jane go to Paris?
3. Where does Jane often go?
4. Who told him Peter was going to London?
5. Who did John tell him was going to London?
6. Where did John tell him Peter was going?
7. What did the old man do?
8. What did the old man give them?

III

1. What have you bought?
2. Who is coming tomorrow?
3. Which one do you prefer?
4. Who did you meet on the train?
5. What did they say?
6. Which ones did the police arrest?
7. What animals live in the desert?
8. Who told you that?
9. Which country would you like to visit, Scotland or Wales?

IV

1. Whose hat is this?
2. Who does she go out with?
3. When did he work there?
4. How long did it take him to write this book?
5. How many of them are trapped in the pit?
6. How often does her mother come?
7. Why did she call them?
8. What has he bought a bike for?
9. What do the Scots call it?

V

1. They neither go to the pictures nor watch television.
2. You can either buy or borrow it.
3. He is not very rich, but he travels a lot.
4. Not only did he get the job, but he also married his boss's daughter.
5. You should come and see me as soon as possible.
6. It is a tough job, but he doesn't mind.

VI

1. How pleasant it must have been!
2. What a lovely day we've spent!
3. They are so kind!
4. How odd!
5. She is such a dear!

VII

1. They are looking for the man whose car has been found near the river.
2. There were 25 passengers, ten of whom were flying for the first time.
3. They have plenty of animals, most of which are rather dangerous.
4. I must thank those people without whose help I wouldn't be here today.
5. They called a doctor whose name was Smith.
6. It is a very poor country, half of which is a desert.
7. He wrote a lot of books, many of which were best-sellers.
8. He's got many friends, a few of whom he made in the army.

VIII

1. It is what you told me which is frightening.
2. He had soon spent what little money he had managed to save.
3. It is something which will prove very useful.
4. They took everything that was needed.
5. We've got a lot of work, which is a good thing.
6. I can't remember what happened the day before.
7. I can't understand what surprised you.
8. He does not seem to understand, which is surprising.

IX

1. He said that he would see you on Monday.
2. He said that you had no reason to worry.
3. He said that his parents were away for the weekend.
4. He said that if you came home late you had to lock the door.
5. a) He said that they did it last week (*la persona a la cual uno se dirige no forma parte del grupo designado por* **we**).
   b) He said that we did it last week (*la persona a la cual uno se dirige sí forma parte del grupo designado por* **we** *y al cual pertenece* **he**).
6. He said that you must have got the wrong number (**Must** *expresa aquí una convicción y no cambia con el discurso indirecto, mientras que en la oración 4 expresa una obligación, y se transforma en* **have to**).

X

1. If you came you would see him.
2. If you had come you would have met him.
3. If I'm rich, one day, I'll buy a Rolls-Royce.
4. If you see him, tell him to call me as soon as possible.
5. Even if they paid me twice as much, I wouldn't take the job.
6. Had I been warned, I would have stopped it.
7. This is quite impossible, unless I'm greatly mistaken.
8. You must not hesitate, should the opportunity arise.

XI

1. I'm so tired that I've got to stop.
2. They came so early that I was not ready/They came too early for me to be ready.
3. That was such a great shock that it took them days to recover.
4. He is rich enough to pay for it. He is so rich that he can pay for it.
5. It was not clear enough for the crew to see the coast.
6. It was so cold that nobody could work outside/It was too cold to work outside.
7. It is so early that there will be no train/It is too early for there to be a train.

8. It is too cold for the kids to play in the garden.
   It is so cold that the kids can't play in the garden.

XII

1. It was all the colder as the sky was clear.
2. It will be all the more dangerous for the rain.
3. I was none the richer for it.
4. It was all the more surprising as he had been warned.

N.B. *En los ejemplos 1 y 4,* **as** *puede sustituirse por* **because** *o* **since**.

XIII

1. The more expensive, the better.
2. The more people come, the greater the risks will be.
3. The heavier the traffic, the less safe the road.
4. The more ambitious you are, the more you will earn and the more interesting jobs you will get.

XIV

1. Clever as he is, he will soon find a solution.
2. Rich though they were, they found it difficult to foot the bill.
3. Hardly had they left the house when the fire broke out.
4. No sooner had they arrived than they were told to go back home.
5. You can always call me, however late you may think it is.
6. Whatever the problem it may raise, this is the only solution.

ÍNDICE ALFABÉTICO GENERAL

(las cifras a la derecha indican los números de página)

247

Esta obra se terminó de imprimir
en el mes de diciembre del 2004
en los talleres de Litográfica Ingramex, S.A. de C.V.
Centeno 162 - 1, Col. Granjas Esmeralda
México D.F. 09810

ISO 9000
Certificado No. 02-2082